读红楼学管理

李谋宏◎著

南方日报出版社
NANFANG DAILY PRESS
中国·广州

图书在版编目（CIP）数据

读红楼，学管理 / 李谋宏著. --广州：南方日报出版社，2020.3
ISBN 978-7-5491-2101-4

Ⅰ.①读…　Ⅱ.①李…　Ⅲ.①《红楼梦》研究 ②企业管理－通俗读物
Ⅳ.①I207.411 ②F272-49

中国版本图书馆 CIP 数据核字（2019）第 235243 号

DU HONGLOU, XUE GUANLI
读红楼，学管理

著　　者：李谋宏
出版发行：南方日报出版社
地　　址：广州市广州大道中 289 号
出 版 人：周山丹
责任编辑：郭海珊
封面设计：邓晓童
责任校对：王咏琳
责任技编：王　兰
经　　销：全国新华书店
印　　刷：广州市怡升印刷有限公司
开　　本：889mm×1194mm　1/32
印　　张：7.875
字　　数：158 千字
版　　次：2020 年 3 月第 1 版
印　　次：2020 年 3 月第 1 次印刷
定　　价：39.00 元

投稿热线：（020）87360640　　读者热线：（020）87363865

自序

走出大观园的自我找寻

大观园是《红楼梦》中的理想世界，而大观园之外是《红楼梦》中的现实世界。“理想很丰满，现实很骨感”，这是说理想与现实的差距之大。

在大观园里，“宝黛钗”等主人翁也是一样，他们处在一个与外界接触少的环境里，因而能够过着自由自在的生活，可以参加诗社、聚餐、放风筝等。然而，总有一天，这样的平静自在生活会被打破。无论是晴雯、司棋的被撵，还是迎春、探春的外嫁，都终会到来。黛玉的香消玉殒、宝钗的出闺成礼也是注定的，而且这既是命运也是现实。

在现实中，成长中的我们，过去的我们，也就像在预期“大观园”里，我们可以将之理解为学校，从小学、中学、高中到大学。在自由预期中，我们为着理想全力以赴。当我们到了毕业季时，就会发现，理想被现实一点点侵蚀磨灭，被各种不理想包围。我们在不情愿中与现实共舞，做着不喜欢的工作，甚至是磨洋工，混日子一样对付现实。与其常常抱怨自己怀才不遇，倒不如说其实是志大才疏。没有被认可的日子是颓废的。而现实往往教会我们应脚踏实地，尽管不是所有人都能做到，但多数人还是能接受的。

理想的日子，总为性情所左右，爱恨情仇，嬉笑怒骂，皆为真情；现实的日子，总为职场所左右，得失取舍，趋附喜好，皆为利益。当我们沉下心来细想时，总觉得人要追寻真性情，是为精神世界，但实际上，我们总是需要为了现实生活而奔波。

这不是所谓的“理想世界”，这是真的“现实世界”。

时间将教会我们生活，我们从“理想世界”中出来，进入“现实世界”，会感到失落。这种失落感有多强烈，完全取决于我们心中“理想世界”与真正的“现实世界”的落差有多大。我想，所谓的成长，只能是把“理想世界”的梦想藏在心里，走在“现实世界”的路上，再去创造“理想世界”。

期待“理想世界”，如同结婚后还怀念初恋一样。岂不知，自己现在的伴侣，其实也是某人的初恋，在被别人思念着。在错位的生活中、迷失中任由时间流逝，是多么可惜！成长就意味着抛弃理想中的幻想成分，逐步走向现实中的条件和环境、形势与状况。无论这个形势是好还是坏，生活总是第一位的。

走出“大观园”，不一定都是完整的“毕业季”，在生活中可能完全失去可依赖的部分，这就是现实。在现实中，总要面对职场，我们在这里用自己的劳动换取必需的生活资料。踏入社会，甚至可能会是理想磨灭的开始；进入职场，就意味着现实世界的来临。一切都不是始料未及，而是准备不够。尽管已经做过心理上、技能上的许多准备，给自己打过预防针，但那最多也只是像在游泳前，往自己身上泼一下水，然而，要学会游泳，还是必须下水！

每个人的体质有差异，每个人的生活习性也有很大区别，每个人的勤勉程度也不一样。这样使得每个人对职场的适应程度和快慢不一。

有人会很快融入职场，并风生水起地走向更高、更广的位置；而有人只是在职场原地打转，与圈里人显得格格不入；也有人从一个职场不停转到另一个职场，蓦然回首，早生华发，如同那个二流子的“王满银”一样，什么都尝试去做，结果却什么都没有做成功。

没有谁是天生的成功者，也没有谁是天生的失败者，而是每个人的思维方式、努力程度、坚持韧性不一样，才使得结果有了很大的差异。同时，因为影响结果的各项条件有变化，而对于变化的影响没有作出相应的判断，并采取积极措施，最终导致结果的差异。虽然成功的经验和失败的教训不可能逐一对应重现，但是，从条件变化的前瞻性判断点上来看，可以借鉴。

《红楼梦》中少爷小姐们的生活是理想的，但是贾府内外一切生活都是现实的。“宝黛钗”们精神上的理想生活，是贾府中物质现实生活上的一座孤岛。就算在生活用度上，也离不开现实的约束。《红楼梦》中各色人物的故事，有着极强的现实性。

这些现实性交织在一起，就是整个大观园现实世界的全景。《红楼梦》中人物的故事，也就有了借鉴意义。

“时势造英雄”，一句话道出了特定的历史条件使人的聪明才智发挥出来，使之成为英雄人物。也就是说，一个具有独立思维能力的人，逐渐适应了环境并做出正向反应，得到了好的结果。

每个人的境况不同，也就是说，在现实中，每个人由于秩序性的需要，是有客观存在等级的，有不同的地位。“人人平等”是人的基本权利，这既是生命权的平等，也是相应权利的“机会平等”，但不是“结果平等”，这便是现实一面。

人在职场中，因面对不同的问题而有不同的应对方法。在自我管理中，无论进取还是舍弃，都要对自我进行规划，并在施行过程中不断纠正、检查和调整，实行自我管理，才有可能实现自己的目标。

古人“家国天下”的观念，可以简单地分成三个层面：

“家”，家庭，基于血缘的家庭群体；

“国”，国家，基于行政的社会群体；

“天下”，世界，基于地缘的国家或者群体。

从高层到基层，或者说从决策层面到基本执行层面，结构都不是固定不变的，而是在不断变动中的。因此，对自我的管理，也是需要适时调整的。

对于“大观园”，笔者设想的是两个层面的意思：

第一个层面是理想化。理想化容易被打破，因为现实的实践会对理想化进行修正性矫正，打破理想化，走到现实的实践中来，是相对容易的。

第二个层面是固化。固化的认识、观念、方法是来自实践的，这些已经经历了实践的考验。应该在新条件下接受现实再检验，才能确定这个认识是否属于合适的认识。往往由于执行者的认识局限和实践需要，把需要经受考验的东西当作指导一切的东西，无法走出自我的圈子。能进小步，难进大步。在实践中，特别是在基层实践中，有太多这样的例子。企业中的职业经理人，则往往出现这样的情况：人已经在决策层面，但仍然依据在基层时的需要来定制度；人已经在自动化操作层面，但仍然依据以人操作为主的需要来定绩效。固化引起僵化，在过度僵化和长期僵化过程中，等待企业的只有死亡。对个人而言，当思考与认知停留在那一刻、偷懒不想去思考时，就是自我固化的开始。“超越自我”，是一个多么伟大又难以实践的口号，知易行难。

对自我的认知，是一个非常艰难的过程。古语云：“知人者智，自知者明。”能自明是很不容易的。这需要我们在自己认识的小圈子里，不断地跳出来。变动是必需的，也是必然的，如果我们没有适应性变化，就很难面对时代。

社会的秩序性决定人有阶层，无论在哪里，都会讲“人人平等”，但是无论到哪里，人人都还是分阶层的。

升职不一定是权力变大，可能是权力变小。比如说，在地方上是一把手，是绝对的决策层；升职之后，可能就是个协助者。在项目负责制下，是决策层；到集体公司，可能就是个执行层。

升职，不一定是从基层到决策层，有可能是从决策层到协助层。反之，降职也不一定是从决策层到基层，可能是从基层到决策层，例如，在高一级政府的普通领导干部，去到下一级政府可能就是一把手。

经验的意义不在于指正，而更多在于纠错。在变化中找到自我，去面对现实的生活，尽管可能不尽如人意，但在追寻的路上会更加顺畅。

是为序。

前·言

在社会生产生活中，由于人的群居性特点，需要通过法律、社会伦理道德等来对社会的秩序进行维护。狭义的管理，指的是在企事业单位对人、财、物进行有效调配，使其得以优化。管理众人，是相对高层而言的，是一个高层管理者在生活或职场上，通过对各方资源的协调与调配，达到一定的管理效果。

地区间的社会经济发展不平衡使得人口流动，而人员流动在企业中也是一种比较常见的现象。在东南沿海地区出现人口输出大省，在大中型城市也出现外来人口比例大于本地人口的“倒挂”现象。这样一来，流动人群基本上是在工作地挣钱而回到户籍地花钱。企业管理的主体内容之一，就是协调人的事情。而这些流动人群，是留守老人和留守儿童的中间体，他们上有老，下有小。改革开放40年以来，东南沿海地区优先发展起来。大量人口涌入东南沿海地区，使得工作岗位逐渐饱和，造成找工作难。这样，需求端就出现“挑人做事”的现象，企业中员工也有了“今天工作不努力，明天努力找工作”的危机感。随着中国全方位的改革、中部崛起、西部大开发等政策的实施，以及90后、00后已经成为新劳动力主体的趋势，人口红利在一定程度上在严重地弱化，企业出现“招工难”“留不住人”等现象。

但是，在实践中，无论是“找工作难的时代”还是“招工难的时代”，在管理人的过程中，一些企业还是展现了独特的魅力。这个魅力是在“找工作难的时代”有优势，在“招工难的时代”仍然有优势。是什么促进一些企业从改革开放初期开始做，并越做越大，越做越强？除了产业结构本身的影响，管理制度是一个非常重要的因素。

中国的改革开放之初，由于当时制定政策的试验性质，开放的东南沿海地区是劳动力涌往的主要目的地。与农耕文明时相对稳定的社会关系相比，这是要到一个陌生的工业文明社会，建立一种不那么稳定的社会关系。在“孔雀东南飞”的人口流动中，出于相互照顾的需要，往往出现血缘关系亲戚型的社会关系和地缘关系同乡型的社会关系，这两种社会关系一并投入东南沿海地区的经济混流中去。

从兴起、结构调整以及所经历的金融危机和市场淘汰等，企业的兴衰成败可谓一幕幕活生生的戏剧。因为改革开放前的城乡二元结构逐步被改革开放后发达地区与欠发达地区的二元结构取代，不在户籍地上的人开始流动。而在流动过程中，企业员工产生了对

“家”的更多思恋。企业员工在追求经济利益的同时，也在企业中追寻归属感。这与马斯洛的需求层次理论有一定相似之处。但是，中国的企业特色再次形成了以血缘（亲戚关系）和地缘（同乡关系）为“非正式组织”的企业结构主体。在市场经济企业规范化程度的竞争淘汰过程中，这种结构主体不是变得更弱，而是更强。

在市场成长和发展过程中，企业有一定的不确定性，主要是市场要素如技术、人才、条件变化等的综合影响。但单纯就企业本身而言，企业成长与企业老板的社会结构有关。在现实中，中小型民营企业尤其如此，企业员工同企业老板有一定比例的血缘关系和地缘关系，这样的稳定结构才能支撑企业的发展。

从严格理论意义上讲，市场中经营主体（企业）之间、企业和人之间分别都是契约关系，或者说分别是法律意义上的客户供应商关系、雇佣关系。但在企业形成过程中，人在企业中有特定的伦理关系、血缘关系和地缘关系，这使得企业中经营主体和人的关系不能完全依靠契约精神来解决。

从企业经营实践的角度来看，这种情况主要有两个影响因素：一是企业家本身与员工之间的血缘关系和地缘关系；二是企业管理者与员工之间的血缘关系和地缘关系。

为何在企业中会形成这样的关系？

在中小企业中往往有这几种情况：

第一，企业老板在企业中是弄潮儿，是精英人才。在创业之初和企业兴创时，由于资金、技术、吸引力等原因，往往出现从血缘关系、地缘关系的人脉中借贷的现象。这使得企业老板在成功之后，出于报恩心理，会有偏向地处理这些事务。

第二，企业老板在市场经济中是出来得比较早的一批人。在这样的情况下，有血缘关系和地缘关系的人，在找工作的时候往往会先找熟人带。这样就把有血缘关系和地缘关系的人留在同一个行业内。

第三，企业老板在处理地方人情世故时，经常无法拒绝他人邀约式的应酬，当别人说找一个吃饭的地方时，你往往很难拒绝。

在这样的情况下，企业中往往存在这样的“非正式组织”。在实践中，也往往出现一个家庭、一个家族或者一个地方的人相对集中的现象。这种现象的背后是，对原来村落群体生活习惯的依恋，也是对家园观念的移植。说到底，这是在市场经济企业中，在不确定的生活工作环境下，对不安全和孤独的一种自我保护。人是群居动物，在企业中更是这样。

企业中人的流动性，既给企业带来活力，又给企业带来压力。没有流动性，没有新鲜血液，无论技术还是管理都会逐步落伍；而如果流动性过大，则企业经营管理的稳定性就没有保障。如何在流动性和稳定性中直接取得有效的平衡，这是一个企业正常运行要思考的关键问题。

相对而言，企业的稳定性，在企业经营管理成功中占据比较大的一部分。试想，如果一个企业的人员流动性过大，无论是技术上还是管理上，无论是高层还是基层，都会面临比较大的浪费。因此，在企业经验管理中，对人的稳定性要求比流动性要求要大很多，一些技术上比较依赖经验和重复性劳动的企业更是如此。

对人的稳定性要求比较高的企业，在经营中对员工归属感的打造是一个非常重要的事情。企业的核心是在行业既定前提下，把最优秀的资源组织、搭配在一起，创造最大的利益。企业竞争的核心是人才的竞争，企业把人的作用通过有效的方法最大化地发挥出来。在这样的条件下，企业就要营造员工的归属感，才能让企业与人的关系处在更加稳定的结构中，并通过与拥有企业归属感的人合作达到企业的盈利目的。

打造企业归属感，需要培育企业的“家”文化。企业的员工，如果对企业没有“家”的认同，是很难发挥积极性的。就算员工解决了基本温饱问题，但在企业中体现不了自身价值，也是很难在企业中长留的。员工只有把企业当自己的家那样关心，才能有归属意识，才能始终如一地做好企业的每一件事。

日本的企业讲“实业报国”精神，其中有“终生雇佣”的思想，虽然这种精神的源头与“武士道”有关联，但是一辈子做好一个工作是非常有价值的。制造业非常发达的日本，有很多上百年的中小企业（作坊）。这些企业里，有很多同企业生死与共的员工。如果不是他们把企业当终身事业去做，一个企业是很难坚持那么久的。在中国市场经济条件下，企业活力被激发出来的时候，往往是竞争加剧的时候。一方面，这有利于社会资源的快速整合，一部分优势较大的企业进行资源优化配置，提高竞争力，占领市场，赢得经济效益；另一方面，不能适应市场竞争环境的企业则退出市场，因此产生了优胜劣汰。在活力无限的时刻，兴衰成败看起来都是比较快的。在这样的情况下，能够坚持10年、20年或者更久的企业是很不容易的。

一个企业，要想存活得长久，就必须有长远规划。而对企业的员工，就要有更加长远的培养，这不是一朝一夕的事情。企业毕竟不是学校，没有培养员工的责任，企业需要的更多是操作层面的人。但是，企业不能不重视企业文化中归属感的培养。如果没有稳定的企业团队，企业是很难经营下去的。

企业由人组成，企业中的人要会做人处事，这是基本常识。

没有企业文化的企业，就很难在市场经济大潮中生存下去。而有良好的企业文化并依靠企业文化做好经营，是企业生存、发展的重要手段。中国有悠久的传统文化，中国企业通过吸收传统文化中的营养来管理企业，这是非常有必要的。

狭义的管理不仅是管理他物，还包括对自我的管理。

一个人要在一定的社会环境中生存下去，必须具备一定的生活技能。只有不断提升自己，才能在交换劳动的生产法则基础上让自己活得更好。想在竞争激烈的职场中生存下来，需要一定的智慧，需要自我的期许和定位，以及自我的提升，这就是自我管理的核心内容。没有自我管理，可别指望有稳定的生存环境让你不颠沛流离；失去了自我管理，无论拥有多么稳定的生存条件都可能因为自我放纵而与成功失之交臂。从《红楼梦》中汲取生存的智慧营养，并学会自我管理，是我阅读《红楼梦》的一个收获。

在日常场景中，无论在生活圈还是事业圈，都有上下级。面对下级，你可能是管理者，要管理小圈子的众人之事，少则三五个人，多则三五百人；面对上级，你可能是被管理者。而对于个体来讲，平级之间都是个体，对自己的圈子而言，则只涉及生存问题。

这样一来，人的存在就有了双重身份：管理者和被管理者。在一个企业中，多数管理人员处在一个有上级和有下属的位置，同时需要管理和生存方面的智慧来应对工作和生活。

中国传统“四大名著”之一的《红楼梦》，描写了很多家庭生活情节。《红楼梦》在理家的过程中显示管理智慧，是以家庭依附关系即血缘关系和地缘关系为出发点的，不完全等同于现代企业管理的关系。处理家务事务的事例，与企业中的管理案例有相似之处，因此，《红楼梦》中理家的智慧，在企业管理中就有借鉴意义。本书通过《红楼梦》中的人物事例，来发现管理智慧。

（本书参照的《红楼梦》版本是曹雪芹著，无名氏续，程伟元、高鹗整理：《红楼梦》（全 2 册），北京：人民文学出版社 2017 年版。）

目录

第一篇

贾母篇：长寿的决策者

第一章

贾母出场

“阿房宫，三百里，住不下金陵一个史。”贾母是贾府中贾代善的夫人，是金陵世勋史侯家的小姐。生贾赦、贾政两子，贾敏一女，是贾府中长寿辈分的顶层，是从孙子媳妇做起来并做到自己都有孙子媳妇的人，也是一步步理家从而走到顶层的人。

贾母在贾府的地位是独一无二的，府里大事小情均由她裁决，所有事情都为维护贾府的利益来运作。而贾母在持家、理家的过程中，确实显示出了理家的智慧。

第一篇
贾母篇：长寿的决策者

第二章

贾母的顶层设计

贾母安排的家庭管理结构具有可操作性。贾母处于贾府中的最高地位，按照嫡长子继承制度，大儿子贾赦应该操持家务，但是偏偏他不太靠谱；二儿子贾政忙于政务，且疏于家务。所以，贾母选择了由大儿子贾赦的儿媳妇王熙凤来操持家务。而王熙凤是二儿媳王夫人的内侄女。对大儿子来说，操持家务的是自己的儿媳妇；对二儿子贾政来讲，操持家务的是内侄女，与王夫人关系更加亲密。这样一来，王熙凤就成了双方都可以接受的人选，成为理家的平衡点，使得王熙凤在理家的时候有了平台的可能。

如果安排贾珠的遗孀李纨来操持家务，很明显，大老爷贾赦是不太接受的。先别说家里难免有偏私之嫌，不利于全家利益的最大化；更何况，李纨身为遗孀，有些事情本来就不方便出面处理，比如在新婚喜庆、迎来送往等场合，她就不适合从中处理这些在传统民俗中有忌讳的事情。

在顶层的制度设计中，总揽全局的执行者，在面对存在不同小团体利益关系的常态下，选择各方面都可以接受的人来进行整体操作，是一个有先见之明的做法。如果说要选择在各方面都为人所接受的人，这是不太可能的；但是要选择让一小群人能接受的人，这是可能的。这样可以最大限度地产生合力效果，在稳定的运行过程中就能协调各方。如果需要改革弊端，则可能需要剑走偏锋，但这是矫枉之道！

第三章

贾母的管理之道

——赏罚分明，公开进行

第一节

对有贡献的人要奖励——给凤姐单独过生日

对有特别付出的人，要给予特别的关爱。给凤姐过生日，给予特殊的照顾，亲自张罗，是贾母对家里付出最多的一个人的一种特殊奖励。

九月初二是王熙凤的生日，贾母早早地请王夫人来，准备给王熙凤过生日。并且与往年不同，要学学小户人家凑份子钱来办一次生日，并由贾母亲自来主持，招呼家眷及至亲等。

贾母带头出二十两银子，余者不同的人有不同的份额，一共凑出了一百五十多两银子。她力求让这个生日“不比往日，定要叫凤姐痛乐一日”，让尤氏来操办，并不时吩咐尤氏，“让凤丫头坐在上面，你们好生替我待东，难为他一年到头辛苦”。

凤姐是爱热闹之人，也是爱面子之人，“尤氏办得十分热闹，不但有戏，连耍百戏并说书的男女先儿全有”。在当天的生日宴会上，凤姐是被敬酒甚至灌酒，总之是尽兴而归的。尽管这个生日最终因为凤姐回房休息时发现贾琏与鲍二媳妇的私情而泼醋，而引发了一场小闹剧，不过，贾母对凤姐的特别关心是非常明确的。

贾母对凤姐的生日宴的操办如此重视，是因为她深知，在荣国府里，理家是非常重要的事情。凤姐能把荣国府理好，并临时客串协理宁国府的事情，其实践能力是不容忽视的，对荣国府做了很突出的贡献。

贾母亲自召集人给凤姐过生日，并且想着别开生面地办生日这一做法，是对凤姐理家能力的一个奖励，也是宽慰。对于能做出突出贡献的人，就应该给予特别的关照，这是一个正常的关注。

贾母平时的关注点，通常是大范围注意一下，比如宝玉生病后，房里伺候的人是比较辛苦的。宝玉好了以后，贾母给房里的丫头赏钱。特别小关注也是有的，比如宝玉送新开的梅花给贾母，贾母一高兴，就连跟着宝玉捧梅花的丫头碧痕都赏了钱。

企业中也是如此，贡献越大，责、权、利就越大。从物质的角度来看，就是正向的关注越大，这样付出的人才越有回报，同时可以激发下一轮或者下一个目标值的付出。（第四十三回《闲取乐偶攒金庆寿　不了情暂撮土为香》）

第二节
对影响坏的人要处罚——处理赌博事宜

查赌博，雷厉风行，防止盗贼。“姜还是老的辣”，果然如此。突出奇招，查值班守夜的赌博事宜。李纨、探春、宝钗临时持家，使得值班守夜的人家规涣散，赌博日盛，已经发展到“争斗相打之事”。贾母知道后，先是婉转地批评她们没有及时报告，然后亲自出手安排彻查赌博事宜。具体的有“有人出首者赏，隐情不告者罚”。贾母是见微知著的，她的逻辑性非常强，她先是对探春说：“你既然知道，为何不早回我们来。”这个说法有婉转批评的意思，接着说：“你姑娘家，如何知道这里面的利害。”前面看似有批评之意，而一句“你姑娘家”就有勉励，而不是申斥的意味。

贾母对夜间的赌博进行了分析：“殊不知夜间既要钱，就保不住不吃酒；既吃酒，就免不得门户任意开锁。或买东西，寻张觅李，其中夜静人稀，趋便藏贼引奸引盗，何等事作不出来。况且园内的姊妹们起居所伴者皆系丫头媳妇们，贤愚混杂，贼盗事小，再有别事，倘略沾带些，关系不小。这事岂可轻恕。”

贾母的分析，往往是经验，要钱就会引起吃酒，吃酒就可能门户大开，门户大开难免有人开门揖盗。所谓“慢藏诲盗”，这是第一个层面，而且是小事情。

里面住着的主要是丫头婆子，再有别事、男女之事，就关系堪大了，冶容诲淫更是有伤风化。

经过彻查后，查得大头家三家，小头家八人，聚赌者通共二十多人！

擒贼先擒王，先处理大头家。

这三个大头家分别是林之孝家的两姨亲家、厨房内柳家媳妇的妹妹和迎春的乳母。说得直白一点，这些都是荣国府的“关系户”。

贾母是如何处理的呢？

首先，命人先将骰子牌烧了，并把所有钱入官且分与众人。有了一定的物质奖励，在这次彻查赌博中就没有隐瞒的人。

其次，是将为首的人打四十板子，撵出去，永不许再进入荣国府，直接是炒了鱿鱼，就是等于砸了她们的饭碗。这样的处罚最严厉，对于一个富贵人家来讲，被赶出去是在法令范围内能采取的最厉害的处罚方式。

再次，将其他人打二十板子，革去三个月的月钱，并打发到打扫厕所的差事。

从众的人数多，处理的方式也多样化：有体罚，打二十板子；有经济处罚，罚款三个月的月钱；也有对荣誉感的处罚，让她们去打扫厕所。但是，仍然把他们留在荣国府里，并没有斩断她们的生活来源。

在这个处理过程中，贾母显示出很高的水平。对于重点的头家，先体罚，然后进行撤职处理。对于其他人，先体罚，打二十板子，然后革去三个月的月钱，同时调动她们的岗位，惩罚其清扫厕所。

看似简单的一个小事情，贾母的处理却提供了教科书般的模范。所以，她认为“这事岂可轻恕”，并将所有赌资没收分给下人，这样既打击了一小撮人，又给了下人好处。关键的还有一点，把领头的几个人赶出贾府，让他们去自谋生路。查赌博，是贾母在家里亲自操刀的一次突击行动，效果很显著，直接导致迎春的奶妈被赶出贾府。而迎春的奶妈作为奴仆，情急之下已经过分到把迎春的金项圈拿去抵押。

查赌博是为了防偷盗，因为赌博的输家会拿贾府的财物去填补空白。一旦偷盗出现，家里就会败得更快。预想到这点，就是贾母的高明之处。

可惜的是，这种预见并没有在治家中发扬下去。所以，后面出现周瑞的干儿子何三带人偷盗的行为，也发生了妙玉被人劫走的悲剧。

尽管如此，贾母的高明还是非常让人敬佩的。作为最高的决策者，她能够做出见微知著的判断，这是非常有智慧的举动。

那么，从企业管理角度来看，贾母的处理方法有何过人之处呢？

在实际操作中，中小企业的老板处在“贾母”的最高决策和决定的位置。由于中国特殊的人情关系，在处理违法乱纪方面难免存在一定的管理软肋，这个软肋就是“裙带关系”“老乡关系”。在中国，世故人心牵扯着一定的舆论和压力。中小企业的老板往往是从小起家的，在这个创业过程中，他们难免有求于亲朋好友，也难免有各种利益纠缠，所以，在处理这些关系时，往往是比较柔性的，也是比较被动的。

贾母的处理就是“底线处理”，贾母作为决策者，力求守住底线。这个思维是基于公平公正层面对于触犯规矩的处罚。古人所说的“王子犯法，与庶民同罪”，就是在执行法律层面的底线思维，是基于公平公正的。一旦底线被跨越，没有被守住，则是非常危险的。

在中国，如果没有“人情味”，不管哪个人，都很难做人。而“人情味”在企业中的异化，则会阻碍或拖慢企业团队的发展，甚至严重阻碍企业的成长。

在实践中，企业中时常有许多这种“有关系”的人，他们养尊处优，工作不上进，在公司是一种“负能量”的存在，并且难于被管理。如果老板对这样“有关系”的人也束手无策，老板下面的经理在管理时更会有苦难言，因为一旦处理的尺度把握不好，就容易被人找麻烦。在这样的企业氛围下，如果老板把握得不好，职业经理人也就懒得去得罪老板，日复一日，这样的企业就任何人都改变不了了。

贾母给我们的一个鲜明示范是，对于违规的行为必须严惩！不论是谁，都不能破坏规矩。鉴于赌博的危害性，管理者在处理过程中就需要采取霹雳手段。《墨子·亲士》中说：“故虽有贤君，不爱无功之臣；虽有慈父，不爱无益之子。”在企业管理的实践中，“裙带关系”是晋升、绩效不可忽视的影响因素。从忠诚度的角度来讲，处在“裙带关系”中的人似乎更加稳定；从进取心的角度来讲，处在“裙带关系”中的人则常常因为处境比较安逸而不够上进。

缺失往往在于，“有关系”的人在正常运行中会优先得到晋升，这样一来，他们在工作中就不是下大力气做好工作，而是想方设法经营关系，活生生地把氛围搞坏。人才，如果得不到正向的激励，就会逐渐流失，企业的衰败自然就不可避免了。当然，家族式的经营管理不在此讨论范围内。（第七十三回《痴丫头误拾绣春囊　懦小姐不问累金凤》）

第四章

贾母的细节关注

第一节

大关节处，注意小关节——特殊的礼节

江南甄府里的家眷到京后进宫朝贺，先遣人送礼，探春看到是“上用的妆缎蟒缎十二匹，上用杂色缎十二匹，上用各色纱十二匹，上用宫绸十二匹，官用各色缎纱绸绫二十四匹”。李纨安排用了上等府封儿赏了来人。李纨、探春、宝钗汇报完礼单后，贾母说：“这甄家又不与别家相同，上等赏封赏男人，只怕展（转）眼又打发女人来请安，预备下尺头。”果然，人回：“甄府四个女人来请安。”那四个人都在四十岁往上，穿戴之物皆比主子不甚差别。

“礼出大家”，江南甄家与贾府的关系不一般，所以会有更加仔细的礼貌性拜访。李纨的安排在日常处理中是可以达到要求的，但是，对于关系不一般的甄家来说，如果没有做准备，没有准备好给

江南甄家请安女人的封赏，就有失礼之处。

这些礼节是日常当家的人来处理的，但是，贾母在她们的日常汇报之后还是注意到细节，所以，才让准备下尺头（衣料、零碎的料子）作为给女人的封赏。（第五十六回《敏探春兴利除宿弊　贤宝钗小惠全大体》）

第二节
忙乱之中，善于息事宁人——平儿被打的劝慰

本来出于奖励王熙凤，贾母出面，学小家小户“凑份子钱”给凤姐过生日。在中途，凤姐因为喝酒头晕回去洗脸时发现了贾琏的丑事，当场大闹，其间打了平儿一个巴掌。贾琏、凤姐都向平儿撒气。贾母知道后，让琥珀转告平儿，等凤姐清醒后，她让凤姐给平儿道歉，宽慰平儿。

贾母是贾府中地位最高的人，平儿是贾琏房里的通房丫头，也就是侍妾。贾母本没有必要做这样的和事佬，她只要说服贾琏就是了，不必来给平儿说好话，并且是让琥珀转告她的话。她这样做，只是为了息事宁人。

第三节
安排之事跟到底——安排人去园子知会众婆子

贾琮之母带了女儿喜鸾，贾琼之母带了女儿四姐儿给贾母祝寿。贾母见喜鸾和四姐儿生得好，说话行事又与众不同，心中喜欢，便命凤姐留她们两个下来，玩耍两日再去。

这本是宗亲之间借祝寿聚会之事，多亲近亲近也显得贾府一视同仁。而贾母在寿宴过程中突然想起一件事，于是命一个婆子：“到园里各处女人们跟前嘱咐嘱咐，留下的喜姐儿和四姐儿虽然穷，也和家里的姑娘们是一样，大家照看经心些。我知道咱们家的男男女女都是‘一个富贵心，两只体面眼’，未必把他两个放在眼里。有人小看了他们，我听见可不依。”此婆子应了正准备走时，鸳鸯道：“我说去罢。她们哪里听她的话？”所以，由鸳鸯到园里各处进行嘱托。

贾母留下喜姐儿和四姐儿本是好心，但是，贾母知道园子里男女的势利的德行，所以专门要进行这样的嘱咐。如果没有这样的嘱咐，本家的宗亲在园子里玩耍和住几天，被园子的仆人给脸色看，那就与贾母留她们亲近的目标完全相反了。事实上，邢夫人的侄女邢岫烟就遇到过这样被看不起的事情，所以贾母为了防止类似的事情再次发生，提前进行“吹风”，是有预见的，这体现了她在管理上从小处着手的智慧。比起在园子里玩耍的时间，接触她们的主要是

仆人，要规避尴尬场面就得提前介入，从细节入手。（第七十一回《嫌隙人有心生嫌隙　鸳鸯女无意遇鸳鸯》）

第四节
日常生计的基础要打牢——基本技能要掌握

贾母有个老规矩，在贾府的十一月初一要办消寒会。消寒会当天，其他人还没有到。宝玉来时，凤姐的女儿巧姐到贾母面前玩耍，与宝玉说了许多诗书故事。贾母说，“女孩儿家认得字呢也好，只是女工针黹倒是要紧的……咱们这样的人家固然不仗着自己做，但只到底知道些，日后才不受人家的拿捏”。

一针一线的工作，是家庭女工的基础工作。虽然巧姐已经会做很多事情，但贾母指出，只有做好基本工作，才不至于在关键时候“卡壳”，这是防止上层被下层钳制的一个措施。最基本的要求是，下人该做的事情，可以不经常做，但是这样的技能不能不会做。不常做是分工，不会做是技能，这是两回事。

第五节
假消息也要有激励——混乱中有度

宝玉失去了玉后，贾府贴出了悬赏告示。看到告示后，有一人带着玉来企图骗赏银，骗局被识破后，贾母告诫贾琏，这也只是因为这人穷极没有法子而为之，想赚贾府几个钱。他本人已经花了银子来做假的玉，被认出来了。既然这样，贾母把玉还给他，并不为难他，反而还给他几两银子。这不仅仅是宽厚，而且是智慧！这样一来，如果有外面的人真的知道玉的下落，才敢送信给贾府。

对贾府来讲，只要有玉就是好消息，不能因为找来的是假玉，就怀疑找到玉的可能性。对于为既定目标而做的努力，哪怕只有一点好消息，都要给予正向激励，不能因为眼前形势与实现终极目标不直接相关，就轻易否定它。（第九十五回《因讹成实元妃薨逝　以假混真宝玉疯癫》）

第五章

贾母的培养之道

——以袭人、鸳鸯、晴雯、紫鹃为例

贾母身边的丫头是鸳鸯，宝玉身边的是袭人、晴雯，黛玉身边的是紫鹃，她们都是经贾母培训过的。

最高层面的持家有道之一，是善于培训。

鸳鸯是贾母身边的贴身丫鬟，鸳鸯心细，府里该要什么、该添什么，她都“度空儿告诉他们”了。对于王夫人和王熙凤的疏漏，鸳鸯总可以补回来。

首先，鸳鸯投主子的缘法。作为贾母身边的丫头，鸳鸯没有与其他管事的人要衣裳或要银子，是比较自律的人。

其次，有鸳鸯在，大家都省心点，不然要其他人来补救。

而袭人是宝玉身边的贴身丫鬟，凡是宝玉的事情，主要是要袭人来操心办理的。紫鹃是黛玉身边的贴身丫鬟，对具体的人是要负责的。晴雯原先也是贾母身边的丫鬟，后来指给了宝玉。以上的丫鬟，都是经过贾母的培养、锻炼出来的，可见贾母对培养人才的工

作是有独特一套的。

在企业实践中，对工作层面的干部要进行连续性培养。干部培养不是一天两天的事情，需要长期的培训与磨炼。在企业单位中，通过招聘能招到马上可以用的人，解决眼下的技术性问题。可是，这些人也是从其他企业来的，也是从实践中来的。企业长期发展的重要工作之一，就是需要进行内部培训，让员工的素质提升跟得上企业发展的节奏。如果员工素质跟不上，那么管理干部层面就可能断层，操作层面更将会首先出现危机。不是上层“政出多门”引发的乱套，而是基层“事出有因”引发的无序。（第四十七回《呆霸王调情遭苦打　冷郎君惧祸走他乡》）

第六章

贾母的善良闵老慈幼

——关爱老幼

贾母对老幼的关注，是她的一个重要特点，但也是她容易被遗漏的特点。

贾母听到周瑞家的给凤姐说道，刘姥姥也是个积古的老人，且是亲戚，就把刘姥姥请到园子里留住两天。也不枉刘姥姥来走了一趟亲戚，留她在家里住两三天，算是对她的热情欢迎和孝敬。

贾母在清虚观祈福时，一个十二三岁的小道士，因为剪蜡花不小心乱窜而撞到了王熙凤的怀里，王熙凤一个巴掌把他打了个趔趄。贾母知道后，赶紧叫人带这个小道士回来，给钱他买果子吃，并不难为他。正如贾母常说“可怜见的”。

在日常生活中，人们关注的往往是与工作、生活直接打交道的那些人和事，与这些人和事间接相关的方面往往会被忽略。而贾母关注到这些，对高层关注底层讲，有一定的现实借鉴意义。（第六回《贾宝玉初试云雨情　刘姥姥一进荣国府》、第二十九回《享福人福深还祷福　痴情女情重愈斟情》）

第七章

贾母的家底明晰

——从料子说起

刘姥姥在贾母的带领下逛大观园，来到黛玉的房中，无意中看到窗上纱的颜色旧了，便和王夫人说了纱的事情。凤姐说道，库房里的大板箱里有五六样颜色的纱，有好些匹是银红蝉翼纱，各式各样，颜色又鲜，纱又轻软，自己也没有见过的。

贾母听了笑道："呸，人人都说你没有不经过不见过的，连这个纱还不认得呢，明儿还说嘴。""那个纱，比你们的年纪还大呢。怪不得他认作蝉翼纱，原也有些象，不知道的，都认作蝉翼纱。正经名字叫作'软烟罗'。""那个软烟罗只有四样颜色：一样雨过天晴，一样秋香色，一样松绿的，一样就是银红的。若是做了帐子，糊了窗屉，远远的看着，就似烟雾一样，所以叫作'软烟罗'。那银红的又叫作'霞影纱'。如今上用的府纱也没有这样软厚轻密的了。"薛姨妈奉承了一句话："别说凤丫头没见，连我也没有听见过。"

薛家是皇商，仅仅从宝钗对事物了解的全面性而言，就知道薛姨妈不是没有见过世面的人。而薛姨妈也没听见过，这反过来说明了贾母对绸缎的了解程度很深，对家里的情况也是目知眼见的。

贾母自言过："我进了这门子作重孙子媳妇起，到如今我也有了重孙子媳妇了，连头带尾五十四年。"从另一个角度讲，决策最高层都是从最基本的事做起来的。"宰相必起于州郡，猛将必发于卒伍"，从基层做起，才有可能更加全面地了解实情，也才能更好地做好决策。

第八章

贾母的细致入微

——懂得操作层面的委屈

贾母寿辰之时，王熙凤处理了两个值班守夜婆子的事情，因此，邢夫人在大庭广众之下向王熙凤求情，让王熙凤难堪。

而鸳鸯早已听琥珀说凤姐哭之事，又去平儿面前打听缘故。晚间人散时，才回贾母说："二奶奶还是哭的，那边大太太当着人给二奶奶没脸。"贾母因此问为什么，鸳鸯便将缘故说了。贾母道："这才是凤丫头知礼处，难道为我的生日由着奴才们把一族中的主子都得罪了也不管罢。这是太太素日没好气，不敢发作，所以今儿拿着这个作法子，明是当着众人给凤儿没脸罢了。"

在执行操作层面，得罪人是难免的，这就需要各方的理解和支持。同一个层面的理解支持是不拖后腿，下层的理解是不打折扣地执行任务，上层的理解则往往是包容和宽慰。

贾母知道王熙凤哭泣的缘由后，给鸳鸯说了委屈的来源。尽管凤姐不知道贾母对这个事情的评价，但是作为一个高明的决策领导，贾母看到了邢夫人的无理，也理解凤姐的难处。

处于执行层面，得罪人是很难避免的，如果得不到上层的理解和支持，那么工作是很难开展的。更可怕的是，当执行层面在严格按照规章制度办事时，决策层面在利益受到损害者投诉后，反而来指责执行层面，那就是“自毁长城”了。维护执行层面的严肃性，是常用的办法；理解执行层面的难处，则是高层的智慧了。

第九章

贾母的胸怀
——误批王夫人后的致歉

贾赦看上贾母的贴身丫鬟鸳鸯后，就让她的老婆邢夫人来说媒。邢夫人愚蠢，偏偏要找王熙凤来商量，王熙凤委婉地表达了拒绝，邢夫人马上拿出婆婆的姿态来压她。无奈之下，王熙凤让邢夫人独自去面对鸳鸯，结果是碰了一鼻子冷灰。

被拒绝后的邢夫人，又安排了鸳鸯的嫂子来说媒，结果还是被鸳鸯当着袭人和平儿的面一顿臭骂拒绝。而贾赦不死心，逼迫鸳鸯的哥哥金文翔去说服鸳鸯。因此，鸳鸯被哥哥接回家去，再次被逼婚。鸳鸯回到贾府后，带着嫂子，在贾母面前讲出了缘由，哭闹不从，并剪发立誓不嫁。

贾母知道后大怒，先是怒斥了王夫人欺骗她。王夫人无言以对，只能默默承受指责。幸亏探春出面破了当时的僵局，经过了解后，王夫人是不知情的，此次指责是冤枉了王夫人。所以，贾母让宝玉给王夫人磕头，代为致歉。

贾母作为贾府的最高管理者，是很有权威的。贾母批评错了王夫人，经过调查之后，发现是自己错了，当着众人让宝玉磕头，代自己赔罪，这样做是需要勇气的。

领导的风范与威信，不一定是凡事自己都有理，无理就以势压人。从执行的原则来讲，下级对上级的指令必须执行；而在现实的操作中，发现上级的错误后，下级往往喜欢揽功诿过，功归于己，过诿于人，这个不在少数。企业员工没有担当，只是喜欢推责任，是企业日常管理中经常碰到的问题。

第十章

贾母的批评艺术

——保全邢夫人的面子

贾母了解到贾赦想要娶鸳鸯的来龙去脉后，考虑到贾赦是荣国府的长子，是世袭的公爵，要给他一定脸面；而对此次的主要执行者邢夫人，则进行了婉转的批评（多少有点偏心儿子）。

贾母见四周无人，方才说："我听见你替你老爷说媒来了，你倒也三从四德，只是这贤惠也太过头了！你们如今也是孙子儿子满眼了，你还怕他，劝两句都使不得，还由着你老爷性儿闹。""他逼着你杀人，你也杀去?"

领导批评人，特别是上级领导批评下级领导，往往是在小场合、办公室，或者在电话里。过多、过重的批评，则有损下级领导在员工心中的威信，不利于工作的开展。更何况，这件事情只有小圈子里的人知道，所以，在只有邢夫人一人在场而其他人都退出去的情况下才批评，这更是艺术！（第四十七回《呆霸王调情遭苦打　冷郎君惧祸走他乡》）

第十一章

贾母的默许

——用非常之法应对非常之事

贾琏因为给贾母过寿而用度银子几千两，当时几处的房租、地税还没有收上来，又因为有“安南王府的礼，娘娘的重阳节礼，还有几家的红白大礼，还却三二千两银子用”，所以，贾琏同鸳鸯商量，借出了贾母的东西，用来典当了一千两银子用度。

不知道为何走漏了风声，王熙凤还在调查，而平儿却是知道原委的。“鸳鸯借东西，看的是奶奶，并不为的是二爷。一则鸳鸯虽应名是他私情，其实他是回过老太太的。老太太因怕孙男弟女多，这个也借，那个也要，到跟前撒个娇儿，和谁要去，因此只装不知道。纵闹了出来，究竟那也无碍。”

贾母知道操作层面出现这样的阻碍，而且这件事情是非办不可的。所以，用佯装不知的鸳鸯“私情”来授权办了事情，好让家里顺利过渡一下，这是贾母的大智慧。看似无为，其实无不为。

第十二章

贾母的洞见

——平常之处看不同

庆元宵时，说书的女先生讲了一个残唐故事《凤求鸾》，即做过两朝宰辅的王世忠的儿子的故事。王世忠的儿子进京赶考，遇见女方叫雏鸾，然后讲的是现代女追男的爱情故事，用现代的话讲就是“爱情故事”。

这本是俗套，贾母却说：“这些书都是一个套子，左不过是些才子佳人，最没趣儿。把人家女儿说的那样坏，还说是佳人，编的连影儿也没有了。”这不是世宦人家普遍的情况，就算是如贾府这样的一般人家，也很少见发生这样的事。这是其一。

其二，贾母进一步指出，编书的人要么是嫉妒，要么是求人不遂，才编出这样的内容来损人家。可见，贾母虽然是一个不怎么识字的老太太，但她也有独立的认识能力和思维方式。

高于常识的认知，是一个必备条件。贾母可能没有那么大的阅读量来分辨故事情节，进行逻辑推理分析，但是，她通过常识来判断故事的可靠性，也间接指出了编故事的人的目的性。

独立思考，有独特的、高于通识水平的认知，是一个决策者非常重要的能力，这不仅要求决策者对日常事务有一定的认知，更重要的是在套路面前能有清晰的思考能力，这样才不至于人云亦云或者随大流。

作为决策者，从谏如流的同时，要注意以下两点：一是要高屋建瓴和通盘思考。如果是下属建议什么就听什么，那么如果听取的是错误的建议，或者别有用心的建议、有巨大风险的建议，都不加思考地批准吗？这是要坏事情的。二是可以发挥下级的专业特长和积极因素，调动下级员工的积极性。在分工的社会生产生活条件下，决策层一般并不很专业，在技术层面上尤其如此。这就需要决策者必须有广阔的思考角度，来解决专业问题。所以，独立思维能力就显得尤其重要了。（第五十四回《史太君破陈腐旧套　王熙凤效戏彩斑衣》）

第十三章

贾母的大义
——做最坏的打算留生机

贾府被查抄后，贾赦世职被夺，被罚去台站效力以赎罪；贾珍世职也被夺，被罚去海疆效力以赎罪，外带上贾蓉；加上两府查抄，贾家已经是风雨飘摇。贾母在贾赦、贾珍及贾蓉出发之前，将其从做媳妇开始积攒的金银钱财进行了派发，分发如下：

给贾赦一房三千两银子，其中，两千两给贾赦做盘缠，一千两给邢夫人持家用；给贾珍一房三千两，其中，一千两给贾珍做盘缠，两千两给尤氏持家用。凤姐单独分得三千两，她为贾府操心了这么多年，一下给弄得精光。五百两银子给贾琏，让他专门送黛玉的棺材到南边去；欠别人的钱，用手头的部分金子去还掉；剩余几千两银子给宝玉用，也给贾兰分一些；剩下的东西，作贾母死后使用，以及给服侍过的丫头！

虽然一家人，财散人聚，但贾母仍然在维系着家庭基本的支出分派。从分配的方案看，这是全方位、有重点、有具体要求的，有具体的去处，也有充分的理由。最关键的一点是，从儿子、孙子、重孙子到丫头，这是一个涵盖各方面的分配方案。贾母总能照顾到各个方面，她的这个本事如果不是关键时刻，还真深藏不露呢，这是她的家底，也是贾府经济的底线。

还有一点值得一提，贾母对财物进行派发，是给贾赦、贾珍等留下后路，哪怕只有一点点后路，也是给每个家留下一个东山再起的机会。应对危机不仅仅是士气问题，还需要实际资金。

为了应对危机，贾母不但派发资金，而且对丫头进行了重新分配和裁减，因为只有贾政一人当差（有固定的收入），进行人员裁减后，该配人的才配人。

同时，贾母让贾琏把田地“该卖的卖，该留的留，断不要支架子做空头”，于是也减少了相应的经济支出。把固定资产中可能的风险资产进行变现，可以应对危机，虽然只能应对部分危机，但至少把一家人凝聚到了一起。士气是亟须鼓舞的，如果没有士气，就无法面对眼前困难，更况且还可能出现更大的危机。

中医在治疗重大疾病时，有句话说：“已亡之阴难以骤生，未亡之气所当急固。”意思是，失去的已经难以回来，未失去的要先把它巩固好。

在市场经济条件下，企业会碰到来自各方面的危机，以营利为目的的行业最大的危机莫过于经济上的危机，比如遇到大金额赔款、客户死款等等。当然，这些已经无法挽回，唯独士气也即团队从创业之初就有的“精气神”可以鼓舞人坚持下去。如果没有士气，企业就离分崩离析不远了。如何在一场败仗之后，让一个“军事单位”的团队在领导层面存活下来，首先要解决的就是士气问题。

不仅仅对企业，这对于家庭、个人同样有重要意义。解决好这个问题后，很多事就有了解决的精神动力。(第一百零七回《散余资贾母明大义　复世职政老沐天恩》)

第十四章

贾母的乐观

——逆境中的正向思维

贾府被抄，贾母抖出家底，并进行了钱财分派。“譬如一抄尽了，怎么样呢?”对于已经风雨飘摇的贾府来说，能活着就是最大的机会。毕竟贾府还在，也非全部入官。

贾母很清楚：“江南甄家还有几两银子在二太太那里收着，该叫人就送去罢。倘或再有点事儿出来，可不是他们‘躲过了风暴又遇到了雨’了么?”这不仅是说江南的甄家，贾府也是如此应对。

当贾府处于低谷时，贾母依然说：“你们别打量我是享得富贵受不得贫穷的人哪。”

贾母是顶层领导者，没有退路，更不能打退堂鼓，只能迎难而上。所以，在危局中，她依然用乐观的心态来劝慰众人，把坏局面中所有可能的积极因素开发出来，鼓励大家用正向思维来思考问题，应对危机。

试想，贾府抄家为什么没有被抄尽?

因为贾政与贾赦、贾珍平日的做法不同，无非是与清客们吃茶、下棋、谈天说地的。而贾赦、贾珍则各有违法乱纪之事情。故而抄家时，贾政未有分家，也没有抄干净，留有余地。贾府代江南甄家收着的银子正好在贾政之妻王夫人之手，所以也躲过一劫。

“留得青山在，不怕没柴烧”，危机中的正向思维，永远都需要记得。

第二篇

王夫人篇：授权型领导

第一章

贾府与王府的联姻

在荣国府中，王夫人是贾政的妻子，是金陵王家的后人。有言道，“东海缺少白玉床，龙王来请金陵王”。王夫人嫁给贾家荣国府的二老爷贾政为妻，生了两儿一女。大女儿为元春，后来进宫为贤德妃；大儿子为贾珠；二儿子是贾宝玉。贾珠早早就去世了，留下妻子李纨和儿子贾兰。

作为理家的人，王夫人上有能干的婆婆贾母主导，下有能干的侄儿媳妇帮忙，并且由内侄女王熙凤操持家务。王夫人的地位就像是个高级副职，太大的事情不能做主，日常的琐事不用太做主，放开手脚授权让凤姐去办即可，日常只需要过问一下，如月钱、迎来送往之类，只在面对某些大事时独自掌握，如甄家的银子。

第二章

王夫人授权管理
——选组建团体

凤姐生病之后，本来仍然由她筹划事情，并派平儿去给王夫人禀报，但是效果不好，所以，王夫人把家中琐事安排给李纨处理。考虑到李纨有些纵容下人，王夫人就命探春与李纨共同来处理。园子里人多，王夫人怕有闪失，就托了宝钗来协同处理。

李纨虽然牵头，但是尚德不尚才，未免逞纵了下人，素日厚道多恩无罚的。下人觉得好糊弄，添了一个荣国府的探春，刚性有余，敏捷多思；更加添了一个薛宝钗，她是王夫人的亲侄女，才识全面，且善于协调各方。

虽然王熙凤没有管理过具体的事情，但不代表她不可以管。凤姐生病了，但平儿仍然直接参与管理实务，这样就构成了一个管理班子，使整个家继续稳定地运作。

执行团队的互补性非常重要，李纨取其年长，以稳定为主；探春取其敏捷，以行动为主；宝钗取其全面，以协商为主。这样，就组成了一个互补性很强的团队。团体成员之间互补，就能发挥团队的最大效率，否则只能内耗或者互相抵消，造成损失。

第三章

王夫人底线之争
——怒查大观园

大观园是元妃省亲的园子，元妃怕园子空着浪费，所以叫兄弟姐妹们住进去。可是，这个园子里只有怡红院的主人贾宝玉是男人。男女问题，是王夫人比较担心的一个问题。所以，才有了金钏与宝玉说笑，王夫人震怒扇了金钏巴掌之事。

绣春囊是司棋和其表哥的，被傻大姐捡到。这是古代的性启蒙饰品，恰恰被邢夫人得到，给了王夫人。因为治家的主要责任人和当家的是王熙凤，所以从策略上讲，邢夫人要给王夫人的管理制造点难堪。王夫人主要担心宝玉在这方面出问题。所以，当袭人提出让宝玉搬出来住的时候，王夫人是很激动的。

在高度关注宝玉成长的情况下，绣春囊一事已属恶性事件，父母对这样的事情是难以容忍的，所以王夫人要王熙凤去进行特别检查。也有了迎春的丫头司棋被撵、宝玉的丫头晴雯被撵、惜春的丫头入画被撵、用重手段处理丫头等事情发生。

任何超出团队认可的事情，都是需要关注的，事情处理的轻重缓急与关注度大小有关。关注度越高，就会处理得越严肃、越快速。反之亦然。

第四章

王夫人的奖惩导向

——调整月例银子

袭人月例银子的调整，是在宝玉被贾政打伤、袭人同王夫人剖心谈话之后进行的。王熙凤向王夫人请示月例银子时，王夫人从自己的月例子银子中提出一部分来要给袭人，并且是按姨娘的标准给。这不仅是因为袭人忠诚，而且确实做了很多真心实意的工作，也因为此事符合在荣国府中给男人提前留侍妾的习惯。所以，凤姐提出，请王夫人将把袭人放在宝玉屋子里做姨娘的决定公之于众。但这个建议被王夫人否决了，原因是贾政不同意，觉得为时尚早。

关于玉钏的月例银子，因为玉钏的姐姐金钏之死，与王夫人打了金钏一巴掌有关，所以凤姐在向王夫人请示银子分配方案的时候，王夫人出于愧疚，就把金钏的月例银子也给了玉钏，让玉钏得了双份。

从王夫人对月例银子的调整可以看到，她对调整的过程是有准备的，也是有思考的。月例银子调整后的方案，既奖励了袭人对宝玉尽心尽力的照顾，也照顾了金钏死后的抚恤问题。

第三篇

王熙凤篇：总揽全局的执行者

第一章

初识王熙凤

王熙凤是王子腾的侄女，嫁给了荣国府贾赦的大儿子贾琏为妻，在荣国府理家。她自幼是被假充男儿教养的，虽然是女子，但是十个男子也难及她。王熙凤出场时，人未到，笑声已经到了，“这些人个个皆敛声屏气，恭肃严整如此”。贾母向黛玉介绍：“他是我们这里有名的一个泼皮破落户儿，南省俗谓作‘辣子’，你只管叫他‘凤辣子’就是了。”

“东海缺少白玉床，龙王请来金陵王”，王家都是太尉统制县伯王公之后。王熙凤说：“我爷爷单管各国进贡朝贺的事情，凡有的外国人来，都是我们家养活。粤、闽、滇、浙所有的洋船货物都是我们家的。”可见，王熙凤是大户人家出身，是有见识而且有能力的当家人。

第二章

王熙凤初试锋芒

——协理宁国府

秦可卿死后，贾珍伤心过度，而且要应酬外面的事，偏偏他的夫人尤氏又犯了胃病，所以无人处理家里的事情。当时贾府虽然不是达到荣华富贵的巅峰，但仍然是贵族大家。往来宾客多，礼节烦琐，由内庭操办，结果是丢三落四，不成体统。在这样的情况下，贾珍手足无措，为此事发愁。不料宝玉看在眼里，推荐王熙凤来代管一阵子，先把秦可卿的丧事办理好。既然有如此之心，贾珍便到荣国府里请示贾母和王夫人，并将意图说明。王夫人问过王熙凤本人的意见后，请王熙凤来协理宁国府秦可卿的丧事。

王熙凤答应了贾珍的请求，便在抱厦内独自考虑，对问题进行思索和梳理。分析出宁国府的弊端有如下几点：

第一是人口混杂，遗失东西。

第二是事无专管，临期诿推。

第三是需用过费，滥支冒领。

第四是任无大小，苦乐不均。

第五是家人豪纵，有脸者不能服，无脸者不能上进。

此五点实是宁府中风气。

针对这些问题，她一一给出了具体方法：

针对第一个弊端，措施是命彩明订造册簿。

针对第二个弊端，措施是拿来家里人口的花名册并点名。

针对第三个弊端，措施是分工，分班分工，且施行赔付制度。

现场分工是这样的：

①每日单管亲友的来往倒茶，两班，20 人（接待性质）。

②每日单管本家亲戚的茶饭，两班，20 人（后勤性质）。

③灵前上香，添油，挂幔守灵，供饭，供茶，随起举哀，两班，40 人（祭哀的主场性质）。

④单管茶饭收杯碟茶器，4 人（协助管理性质，丢失了要分摊赔偿）。

⑤单管酒饭器皿，4 人（协助管理性质，丢失了要分摊赔偿）。

⑥单管收祭礼，8 人（接待登记性质）。

⑦各处灯油，蜡烛，纸扎的负责人，8 人（公共部门性质）。

⑧每日上夜，照管门户，监察火烛，打扫地方，30 人轮流执行。

这是王熙凤当天分工的一部分，共分派了 134 人。

同时，把剩余的人分派到具体的房屋和去处，并给赖升家指定了具体的监督检查工作。

按照数量，分发了茶叶、油烛、鸡毛掸子、笤帚等物，并搬取家伙、桌围、椅塔、坐褥、毡席、痰盒、脚踏之类。关键的一点是一面交发，一面提笔登记。这样的结果是，“一切偷安窃取等弊，一概都蠲了”。

仅从以上现场措施及效果来看，王熙凤的管理手段是非常高明的。在秦可卿丧事期间，她不失礼数，顺利地为宁国府这样的大家操办完祭礼全过程。

王熙凤在接受贾珍相请后，独自在抱厦内思考，先理清了思绪，然后制定了方案并及时执行，才收到效果。但只有这点效果还不够，在日常巡查中也确定了临时制度，特别在“时间观念”“检查制度”以及“奖惩上来”方面。

果然，在丧事“五七”的第五日，点名时发现，有迎送亲友的人来迟了，因此被领出去打了二十板子，并扣了一个月的钱粮。言出即行，令行禁止，王熙凤的协理操持得到了大家的认可，她是一个公认的能将！

在管理实践中，一个优秀职业经理人首先要统领全局地思考，并能制定出可执行的措施。所谓“不谋万世者，不足以谋一时；不谋全局者，不足以谋一域”，对全局进行通盘思考，是职业经理人的重要思维方式之一。

凤姐协理宁国府，重点在于除弊，是暂时性的理家，处罚的部分在前，奖励的部分在后（贾珍来奖），明令奖罚后的检查监督和执行尤其是不打折扣的。

这就出现了一个常见问题，已经明确奖罚制度，但是奖励容易执行而处罚难以执行，在实际操作中多数情况就是如此的。凤姐就此问题指出，如果不罚你，其他人就更不好管了，必须按照制度来处理。所以，这是“杀一儆百、扬刀力威”的举措，在宁国府起到了立竿见影的效果。（第十三回《秦可卿死封龙禁尉　王熙凤协理宁国府》）

第三章

王熙凤的事情安排
——执行层面沟通很重要

荣国府中的大小姐元春被封了贤德妃，合家异常高兴，后面就有了皇家版的“回娘家”省亲一事。为了接待元妃，就要修建专门的省亲别墅，搞建设，这些事由贾赦、贾珍等人组织领导。而具体办的事情，有很多是要经过王熙凤手的。在具体事情上，王熙凤与贾琏的沟通就很重要，达成了共识才能把事情办得妥当，这也是在具体事例中显示出来的。主要有两个小事情：

第一，为了迎接元春省亲的“下姑苏聘请教习，采买女孩子，置办乐器行头等”，由贾蔷牵头处理，银子用了江南甄家所存五万两银子中的三万两。剩下的两万两银子，是“置办花烛彩灯并及色帘栊账幔”的使费。采买十二个女孩子是教演女戏；另外聘买的十个小尼姑和十个小道姑是诵经的。这些准备都是为了迎接元春的省亲。贾蔷带着来生的两个儿子，以及单聘仁、卜固修两个清客，外加贾琏的乳母赵嬷嬷的两个儿子赵天梁和赵天栋。安排人事时，是赵嬷嬷找到了贾琏，希望借这个机会带她两个儿子去办事。

第二，元妃省亲之后，小沙弥和小道士一共二十四个，贾政想将他们打发到各处庙里去。贾芹之母周氏求凤姐给儿子一个小的事务，好赚点钱用。凤姐依允后，贾政找贾琏商量此事，而王熙凤早回过王夫人，万一娘娘出来要承应，如果小沙弥和小道士散了，一时间找不齐全，则先送到贾府的家庙铁槛寺去。王夫人找贾政商量后，贾政觉得比较妥当，就找贾琏安排。

此时，王熙凤已经提前知道小尼姑要被送去铁槛寺，而且告诉贾琏这件事情由贾芹来负责。贾琏说，贾芸已经求过他好几次，贾琏已经答应贾芸管铁槛寺的小尼姑。王熙凤成竹在胸，说娘娘告知园子东北角上有个种树的活，可以安排贾芸来做。这样的话，就在贾琏和王熙凤之间有了一个沟通协调的过程。果然，贾政找贾琏是为了此事，就依着王熙凤的设想，贾芹管了铁槛寺庙的事情，先领出二三百两银子去办事；贾芸也迂回地找了王熙凤，管了种树的事情，领出二百两银子去办事。

这两件事情，都是贾琏和王熙凤协商的，而且明显是王熙凤在主导。赵嬷嬷找贾琏给她的两个儿子找事情做，贾琏没有安排到位；王熙凤却在采办的事情上妥善安排了赵嬷嬷的两个儿子跟去江南。贾芸找到贾琏，贾琏也只是答应了管铁槛寺的事情；而贾芹的母亲周氏直接找王熙凤，事情就一次安排到位了。让贾芸去种树，也是王熙凤与贾琏商量的结果。

虽然是夫妻，但双方在处理日常家务事时，对具体事情进行沟通协商仍然是必要的。同理，在实践的操作上，平行层面中的沟通协商也是必要的。在一个相对封闭的运行系统中，一个小团队往往难以掌握全面的信息来保持与执行层面的同步性或协调性，此时需要更高层面的人来沟通协调，才能把事情做得更加妥帖。

第四章

王熙凤的务实

第一节
工作务实——给黛玉安排起居

林黛玉母亲去世后，便由贾雨村护送到贾府。贾母看到林黛玉时，以及与亲人相聚时，都不忘哭诉亲情。这些都是感情上的表达，是触景生情。而王熙凤到贾母处时，先是感情上的表达，向王夫人汇报，说黛玉的“衣服料子早就预备下了”，并给黛玉安排好了住处。但贾母因为心疼黛玉，安排她先住在贾母处，所以说，“王熙凤命人送了一顶藕合色花帐，并几件锦被缎褥之类”。吃的不用单独说，因为贾母接了黛玉进贾府，就说了吃是跟贾母的，住也安排好了，衣服的料子是用来量身做新的衣服、被褥、花帐之类，是细节用度。王熙凤的做法，属于典型的务实做法，把事情先干在前面。（第三回《托内兄如海荐西宾　接外孙贾母惜孤女》）

第二节
行动果断——给宝玉收拾灯油烫伤

宝玉在王夫人怀里撒娇，并躺着与彩霞说笑。贾环正在抄《金刚经咒》，因嫉恨而假装失手，将一盏蜡烛油往宝玉脸上推去，结果宝玉满脸是油，烫得直叫唤起来。王夫人命人替宝玉擦洗。但见王熙凤“三步两步上炕去替宝玉收拾着”。事发突然，在王夫人又急又气时，王熙凤果断亲自上炕处理。王熙凤果断干练的形象跃然纸上。

从细节来看，我们看到的是王熙凤的果断手段，她直接抓住清洗、处理烫伤的关键环节，这是很有主见的。（第二十五回《魇魔法叔嫂逢五鬼　通灵玉蒙蔽遇双真》）

第三节
处理不了要避让——转移开李嬷嬷、王善保家的

李嬷嬷输了钱，在院子里叱骂袭人，指桑骂槐地乱说一通，丫头们只能受着，宝玉更是不能处理。王熙凤出面带李嬷嬷去喝酒，便避免了继续吵闹下去的可能性。

查抄大观园时，王善保家的愚蠢到要在探春身上搜一搜以显摆自己的胆量，结果被探春一个巴掌扇在脸上。情急之下，王熙凤赶紧把王善保家的搀走，避免了时态的继续恶化。

这两件事情都是王熙凤出面“躲”开来处理的，李嬷嬷年纪大，不方便这样处理；王善保家的是邢夫人家的陪房，双方既已产生直接冲突，要让争吵停下来，总要有协商让步的一方，“走为上”是一个不错的办法。即便是王熙凤这样的厉害角色，也无法用强制手段来处理，所以只能用迂回的办法来解决。

无论人的能力有多高，总有一些问题是无法解决的，这时，妥协或者采用迂回的方式，通过协商来处理或者规避一些事情，反而能获得效益和效果的最大化。纵然不能让事情变得更好，但至少可以让事情不进一步恶化，退而求其次，也是良方。

第四节
敏感实例——金钏死后，送礼为月例银子

金钏跳井死后，有几家的仆人常送礼来孝敬王熙凤。王熙凤不解，但她与平儿沟通后发现，这几家人的女儿都是王夫人房里的丫头。金钏死后，金钏份的月例银子就多出来，仆人想通过给王熙凤送礼，让她把这一两银子的好处分享给丫头。

岂知，王熙凤请王夫人具体指示安排时，因为金钏之死与王夫人当天打她有关，所以王夫人出于愧疚之心，将这一两月例银子给了金钏的妹妹玉钏，让她独自接受双份的月例银子，也算是额外的补偿。王熙凤敏感地感受到了变化，并查找变化的根源，这体现的

是职业敏感性，也是一个职业经理人必须具备的观察力之一。（第三十六回《绣鸳鸯梦兆绛云轩　识定分情悟梨香院》）

第五节
重要事情要检查——确认袭人回家探母衣着

袭人的母亲病重，袭人的哥哥花自芳求王夫人让他接袭人到家里走走，王夫人同意后，王熙凤命周瑞家的去告诉袭人，并安排了跟班的人、丫头以及车子。同时，告诉周瑞家的，让他们穿几件光鲜艳丽的衣裳，同时多带几件衣裳，把包袱大大地包一包，包袱要用好的，拿的手炉也要是好的。临走时，要拿去给袭人瞧瞧。这就是先有安排，并明确了检查（瞧瞧）。为什么呢？

原因在于，王夫人的谈话已经透露把袭人给宝玉做侍妾的意思，月例银子也在按照姨娘的标准发放。为了顾全袭人的面子，更为了贾府的体面，所以袭人回家要打扮得高贵一些。

袭人到王熙凤处，凤姐看了后仍然觉得不够体现排场，所以，把衣服和包袱换成更加合适的。

袭人已经准备“开了面”，被公开放在宝玉房里。她这时以准姨娘的身份回家拜望病重的母亲，且有可能住在家里准备葬礼、孝礼。她是以贾府人的身份回家，因此要显出体面，同时要给她以尊贵的面目回家。为此，王熙凤要亲自检查具体的细节和落实情况。这也是王熙凤在理家的时候重要的事情抓检查、抓落实的一个事例。（第五十一回《薛小妹新编怀古诗　胡庸医乱用虎狼药》）

第六节
精明来自天性——探春请她做御史

探春提议成立“海棠诗社”，大家十分兴奋，都要把园子里的姑娘们及宝玉请作诗翁。诗社成立后，由李纨牵头、探春出面，把王熙凤请来做“检查御史”一职。

探春说：“我们起了个诗社，头一社就不齐全，众人脸软，所以就乱了。我想必得请你去作个监社御史。”所以，请王熙凤来监督。

而王熙凤说道：“你们别哄我，我猜着了，那里是请我作监社御史！分明是叫我作个进钱的铜商。你们弄什么社，必是要轮流作东道的。你们的月钱不够花了，想出这个法子拘了我去，好和我要钱。可是这个主意?”

然后，嬉笑之中，王熙凤把嫂子李纨的开支算了个清清楚楚，最终答应明日“先放五十两银子，给你们慢慢的做会社东道儿”。领导者要对下属的建议要有自己的独立分析，权衡利弊，从大局着眼，从小处入手。要知道，所有建议都不可能尽善尽美，尽管这样，还是要鼓励下属多提想法。而探春请凤姐入社，目的简单明了，凤姐谈笑之间也爽快地给予了支持。

这样，王熙凤既出了钱让大家热闹，又不让人觉得她可以被糊弄，精明随处可见。（第四十五回《金兰契互剖金兰语　风雨夕闷制风雨词》）

第七节
善于发现人才——有目的性地培养小红

小红是荣国府里的管家林之孝的女儿，原名红玉，后来被分配到宝玉的房里做外屋的丫头。一个偶然的机会，王熙凤要找一个丫头去给平儿传话，“外头屋里桌子上汝窑盘子架儿底下放着一卷银子，那是一百六十两，给绣匠的工价，等张材家的来要，当面称给他瞧了，在给他拿去。再里头床头间有一个小荷包拿了来”。

这句话包含两个信息，一个是发银子，另一个是带东西。小红做到了给平儿带话，并在李纨处找到了王熙凤，回了平儿的话，把平儿要带给王熙凤的话带到了。更加难得是，在问候的话里，她一连称呼了很多句“奶奶”，连李纨也对此赞叹不已。王熙凤表扬她说得齐全，并且要认她做干女儿。小红才说了身份，已经重辈分了。

王熙凤问小红是否愿意跟她去，小红立即表态，愿意“学眉眼高低，出入上下，大小的事儿，也得见识见识”。

果然，王熙凤给宝玉、袭人打了招呼后，将小红留在自己身边培养，作为理想的后备人选。

发现人才，培养人才，在实践中，这是保持工作连续性的必要措施。正所谓“千军易得，一将难求”，任何将帅的手下，若没有得力的人选，是难以开展工作的。“红花虽好，也要绿叶扶持。”培养好接班人，是团队持续运行的必要条件。做不好这个工作，工作就难以为继，无论是外招还是内部提拔培养的人，都是如此。所以，上级首先要具备发现的眼光，甄别并发现可造之材；其次，要善于培养可用于工作的人才；再次，要能够放手任用人才。

“千里马常有，而伯乐不常有。”一个团队，有人才发现不了，有人才不能人尽其才，是很大的浪费。（第二十七回《滴翠亭杨妃戏彩蝶　埋香冢飞燕泣残红》）

第八节
有预见性——邢夫人劝说鸳鸯

贾赦想娶鸳鸯为妾，并让她的老婆邢夫人劝说鸳鸯答应。邢夫人先找了王熙凤商量。王熙凤认为，以鸳鸯的性格和目前的情形，是不会答应的，所以，建议婆婆邢夫人不要去说此事，因为这就像拿木棍子捅老虎鼻子。

邢夫人立即用婆婆的身份来压王熙凤，认为她这是不支持自己。王熙凤没有办法，只得答应邢夫人去劝说鸳鸯。但是，王熙凤没有直接去劝说鸳鸯，而是让邢夫人先去试探一下，她借机躲开先与鸳鸯面对。

邢夫人亲自跟鸳鸯说，想让她做贾赦小妾，结果是鸳鸯拒绝了邢夫人的好意。然后，邢夫人让鸳鸯的嫂子继续来劝说。迫于这样的压力，鸳鸯在平儿和袭人都在场的情况下，将自己的嫂子骂了出去。贾赦让鸳鸯的哥哥金文翔来劝说鸳鸯，金文翔无奈，只能接鸳鸯回去住几天，在自己的家里，连劝说带逼迫。这让鸳鸯无法忍受，无奈之下，鸳鸯回荣国府后，拉着她的嫂子，在贾母面前及众目睽睽之下，跪下哭着说明原委，并剪发大闹，以明其志，宁死不从。

贾母大怒，邢夫人碰了一鼻子的灰，并受到贾母的批评。贾母跟邢夫人说："我这里有钱，叫他只管一万八千的买去就是，要这个丫头，不能！"鸳鸯始终还是伺候贾母。

这件事情是贾赦提出来，但是让邢夫人去说，邢夫人与王熙凤商量，让王熙凤前去办，王熙凤对此事的预见性是非常强的，直接又委婉地劝邢夫人不要去。而愚蠢的邢夫人竟然不听，非要碰破头才算了事。

在实践中，对于企业高层下达的新项目或者新的指令要求，执行层面的职业经理人要有一定的预判，不能唯命是听，要具体问题具体分析，把自己的意见和风险评估拿出来。如果盲目地附和上层的意见，反而会造成一定的损失。这个与执行力是两个问题。（第四十六回《尴尬人难免尴尬事　鸳鸯女誓绝鸳鸯情》）

第九节

特别重要的事情亲自落实——外出照顾好宝玉

宁国府葬送秦可卿时，宝玉本来骑马随行。因为送殡的人多，车马也多，王熙凤害怕宝玉骑马不安全，可能会有冲撞，如果有闪失，贾母处不好交代，所以，就安排宝玉同自己坐轿，规避了这样的风险，这是在路上的细节。而到了晚间休息时，王熙凤怕灵通宝玉失落，等宝玉睡下后，命人从宝玉处拿来，塞在自己的枕头底下，以确保万无一失。

贾宝玉是荣国府的宝贝疙瘩，人多场合恐有闪失；灵通宝玉更是贾宝玉的命根子，外出时都要照看到。王熙凤作为这次协理宁国府的当家人，她在宝玉外出安全的问题上抓住了重点，落实的事情也是贾母关注的重点！

即使在很大的场合、很忙的条理中，也能抓住重点，是一个职业经理人必备的工作要求之一。（第十五回《王熙凤弄权铁槛寺　秦鲸卿得趣馒头庵》）

第十节
为下属承担责任——替袭人遮掩

荣国府正月十五之夕摆宴，贾母在大花厅发现了袭人没有来，说袭人端架子，没有到贾母面前来奉承伺候。此时，王夫人根据实际情况回答道：“袭人因为母亲刚刚去世，身上有孝，而不便前来。”但贾母认为，这事还是有点过分了，因为没有人查而成习惯了。

王熙凤则笑着给贾母说明，袭人即使没有孝，园子里的灯烛花炮，承担危险的也要她负责仔细查看，只有袭人在值班的时候，铺盖、茶水等在宝玉回去睡前才是都齐全的。如果袭人来了这天的宴会，这些就可能都做不好了。这首先说明，袭人是忠于职守，而且是护着贾母之宝——宝玉的饮食起居的，这天没有来是要确保把宝玉照顾得妥妥帖帖；其次，是凤姐让袭人守着屋子不要来的，如果贾母要叫她，那么叫她来就是了。

这里的潜台词是，袭人没有来的责任在凤姐。而凤姐很快把没有来的缘由说到是为了宝玉，是为贾母，也为王夫人。这样，凤姐就主动承担了一次风险，把袭人没有到贾母面前奉承的责任揽到自己的身上。如此，贾母反而夸凤姐想得周到。

一个优秀的领导人，下面有很多负责更具体工作的下属，这些下属无论多么细心，工作完成如何，总难免有疏漏和被人挑剔的地方。而领导上面又有领导，这样，被检查出来问题，下属总是要挨批评的。一个有责任和有担当的领导人，会适时地把责任承担下来，给下属一定的保护。当然，也不排除有不少揽功诿过领导，把责任推到下属身上，这样的领导是不值得追随的。而在这里，凤姐很好地做到了“护犊子”，关键的时候为袭人挡了一次挨批评的风险，这是一个好领导的表现。（第五十四回《史太君破陈腐旧套　王熙凤效戏彩斑衣》）

第十一节
不看僧面看佛面——处理周瑞儿子

赖嬷嬷到贾府去，请贾府老少去庆贺赖大儿子赖尚荣做了县官。在王熙凤处，赖嬷嬷请王熙凤对周瑞家的儿子被撵出去的处罚网开一面。处罚的原因是周瑞家的儿子在王熙凤生日宴会上喝酒误事，里头还没有开始喝酒，他就先喝酒，还喝醉了，礼不送进去，他拿盒子撒了一院子的馒头。彩明把他说了一下，他倒是反过来把彩明骂了一顿。

对于这种严重违反规则的人，凤姐一定要把他撵出去。而经过赖嬷嬷劝说后，“全看太太（王夫人）的脸”，然后打了他四十棍子，以后不许他再吃酒。这是进行了折中的处理。这个可以看作是，周瑞家的两口子托了赖嬷嬷的面子，趁着请王熙凤的机会提出了处理的办法。

同凤姐在宁国府中的处理手法不同，这次需要考虑两个情况：其一，周瑞家的两口子托的是赖嬷嬷，也就是伺候过贾府中老人的下人，比当家的主子还要尊贵；其二，周瑞家的是王夫人家的陪房，若是把周瑞家的儿子处理得过重，就相当于打了王夫人的脸面，这就直接触碰到王熙凤的后台了。这两个情况使得王熙凤对周瑞家的儿子的处理打了一定折扣。在现实的管理操作中确实也是如此，这不仅仅是一个灵活的问题，也是一个“度”的问题，把握好一个现实操作中的“度”，处理问题时就有了余地。（第四十五回《金兰契互剖金兰语　风雨夕闷制风雨词》）

第十二节
善于变通施调包计——黛玉变宝钗

宝玉失去玉后，便变得疯疯傻傻的，贾政要起身外任去做粮道，不知道要多少年才回来，为了给宝玉冲冲喜，所以给宝玉娶亲。但是，宝玉心里只有林妹妹，“我有一个心，前儿已经交给林妹妹了”，所以要让宝玉娶宝钗，他心里是不接受的。家人都已经知道，黛玉的身体已经不行了，贾母已经叫凤姐预备后事，可能冲一冲喜会好点。所以，虽苦于宝玉的心结，但宝玉娶的妻只能是宝钗。

贾母和王夫人都把人选确定为薛宝钗。袭人告知王夫人，宝玉心里装着的人是林姑娘，所以要想个万全之策来。此时，凤姐提出了“调包法”，给宝玉娶亲，陪新娘子来的不是宝钗的丫头莺儿，而是黛玉的丫头雪雁，让宝玉误认为娶的就是林黛玉，而心甘情愿地拜堂成亲，走完娶亲流程后，就不能再闹腾了。

“万全之策”，往往是兼顾决策过程中两难或者多难情况的相对稳妥之策。凤姐的“调包计”，用黛玉的丫头雪雁来陪嫁，稳住了宝玉，消除在婚礼上可能出现的变故，确实是比较周全的考虑。在执行决策时，总有需要“两害相权取其轻，两利相权取其重”的情况，这就要求在执行时把问题想得多一点，尽可能地减少负面影响。（第九十六回《瞒消息凤姐设奇谋　泄机关颦儿迷本性》、第九十七回《林黛玉焚稿断痴情　薛宝钗出闺成大礼》）

第五章

王熙凤的弄权
——手段厉害

第一节
计除不轨——折腾贾瑞至死

凤姐是典型的“辣”，偏偏有人不怕“辣”，敢在她眼皮底下胡作非为。如果两者实力相当的话则还可以，但若是实力不对等甚至地位悬殊，那就有大麻烦了。可是，偏偏有人癞蛤蟆想吃天鹅肉，贾瑞便是其中一个。

为了庆祝贾敬的寿辰，宁国府大摆寿宴，也请了很多族人参加。王熙凤因为同秦可卿单独说了一会儿体己的话，到后面园子里听戏便晚了，却无意中碰到贾瑞，即贾家教书之人贾代儒的孙子。他言语轻佻，有失礼数，令王熙凤动了肝火，“这才是‘知人知面不知心’呢，那里有这样禽兽的人呢！他如果如此，几时叫他死在我的手里，他才知道我的手段”。本来这只是心念一动，谁知贾瑞真的去给凤姐请安，“陪嫂子说话去了”。凤姐大怒，佯笑而待之，“毒设相思局”。

凤姐先是夸他，“十几个人里面也挑不出一个”“是个明白人，比贾蓉、贾蔷两个强远了”，先灌迷魂汤，然后说“大天白日，人来人往，你就在这里也不方便。你且去，等着晚上起了更你来，悄悄的在西边的穿堂儿等我”，并且说“门会留好”，于是，贾瑞喜之不尽。贾瑞没有看清楚形势，他本来应回家好好想想的。但是他回家后，以为凤姐已经得手，依旧做着黄粱美梦。

晚上，贾瑞摸到荣府，钻入穿堂后，门就被上闩了，他出不去。在腊月的夜里，吹的又是过堂风，贾瑞被冻了一晚上，差点被冻死，幸好早上从后门溜回了家，但是因此被祖父打了三四十板子，又被罚跪在院里读文章，并补出十天的功课，可谓惨状！

此事已经明显是被凤姐摆了一道，本来，贾瑞若是知错就改，悬崖勒马，就是上策。可是他不死心，过了两天，得了空就又去找凤姐。凤姐见他自投罗网，便又约他，在凤姐房后过道里的小房间，晚上再来。贾瑞表示“死也要来”。凤姐于是点兵派将，设下圈套，等君入瓮。

果然，当天晚上，贾瑞到了小房间，于黑灯瞎火中等来一人，举措失态，丑陋不已。结果火捻一亮，原来是贾蓉，他还没有跑出去，贾蔷逮住了贾瑞，贾瑞求饶不已。贾蔷告诉贾瑞，凤姐已经告诉贾母，说贾瑞调戏她，现在老太太气过去了，又拿住贾瑞，要去见老太太，公开处理。

贾瑞求饶，却空口无凭，只得给贾蓉、贾蔷各写了一个赌博输了银子的欠条，各欠他们五十两银子，这样，他们才肯放他走。他们还给他出主意说，门已经关上，还要探探路，把他安排在后门的石矶底下，灌了一桶屎尿，才让他逃走。天寒地冻的天气加上受到惊吓，贾瑞一病不起，多方求医也无回天之术，终于在腊尽春回之时，一命呜呼！

王熙凤的"狠"，在这件事情上表现得淋漓尽致。对于不知悔改的贾瑞，王熙凤先是让他冻了一晚上，给他个教训。起初是想让他知错就改，知难而退。未料贾瑞前心未改，再次自投罗网，凤姐想"再寻别计令他知改"。贾瑞自己是贪念太深，淫念太重，已经是病入心头，而无法回头。凤姐的方法加速了贾瑞的死亡。

从凤姐的角度来讲，这是一次反击，是给家里家外的人一个警告，她是不可侵犯的，至少不是任何人都可以来欺负她的。所以，她这是通过不声张的方式来悄悄处理。故而虽然很多人知道贾瑞死亡，也没有多少人知道是凤姐所为。

从贾瑞的角度来讲，他是完全打错了算盘，他从来没有想过，凭自己的外貌长相、文笔才华、家庭背景等方面，是否有条件去动歪想法，他没有进行任何对比和评估的愚蠢行为，缺乏自知之明，因而犯了大错误。他第一次被戏弄，已经是对他的明确警告；而他第二次还去，那就是贪得无厌了。他第二次被羞辱，是对他生病后不自我收敛的警告，并最终使他命丧黄泉！

凤姐作为荣国府的当家人，没有手段肯定是不行的，没有威信也是不行的，扬刀立威，整治不轨，光有决心不够，还要有套路。没有手腕的管理者，是无法统领一个团队的，正所谓“慈则不能掌兵”。

贾瑞以协助祖父贾代儒教书为业，暂且不说苦读书、做文章，以后能否攀枝折桂还是未知数，至少当下是没有资本去觊觎凤姐的。这是一场没有评估到风险程度的“营销”行为，贾瑞带着对浪漫梦幻的亲近，搭上了自己的性命，为无头脑者警示，更为贪婪者警示。

没有哪个管理层的小惩处、感化行为或者宽容的胸怀能挡住自寻死路的做作。“不作死就不会死”是现代人对贾瑞这样的人的愚蠢行为的语言描述。而王熙凤是“暗”处理了这件事情，并非高调处理，毕竟这是家里的“丑事”，不可外扬。这也是王熙凤“狠”的一个表现；但是王熙凤在贾琏娶尤二姐后，对待她可就是真的“明”着是“毒”了。（第十一回《庆寿辰宁府排家宴　见熙凤贾瑞起淫心》、第十二回《王熙凤毒设相思局　贾天祥正照风月鉴》）

第二节
收敛钱财——铁槛寺弄权

秦可卿之丧礼，贾府的女眷们为了方便休息，便到馒头庵暂歇。静虚老尼姑求王熙凤办事，是一桩婚约退婚之事。长安府太爷的小舅子李衙内，看上了长安县张财主家的女儿张金哥，但是张金哥已经与长安守备的公子聘定。因为贾府与长安守备的上司长安节度云光云老爷关系好，所以托以贾府的名义，请云老爷出面施加压力，请守备家接受退聘。王熙凤提出了三千两银子的酬谢费，静虚也办到了。王熙凤让来旺去办，果然办成了。王熙凤独享了三千两银子。可怜张金哥自缢身亡，守备之子也投河自尽，两条人命丧生。且不对之进行道德讨论，从手段上来看，王熙凤把权力，包括隐形的权力，发挥到了极致。用今天的话说，就是权力寻租。（第十五回《王凤姐弄权铁槛寺　秦鲸卿得趣馒头庵》）

第三节
剪除对手——设计尤二姐之死

同行是冤家，卧榻之侧岂容他人酣睡？一个不知名的小丫头，听到了两个小厮的谈话，“新二奶奶比咱们旧二奶奶还俊呢”！

谈话中，透露了贾琏在外另娶的事实。凤姐根据平儿的描述，先叫了旺儿来审问。旺儿怎么能经得起凤姐的连唬带吓呢，很快招出了兴儿和喜儿这两个长期跟着贾琏出门的小厮。再问兴儿时，兴儿不承认，说什么都不知道。然后，凤姐给兴儿几十个掌嘴之后继续逼问，兴儿终于把贾琏偷娶尤二姐的前因后果讲个清清楚楚。

兴儿特别说出了贾珍跟尤二姐已经有亲但又退亲的事，这让凤姐抓到了大把柄。她仔细地把商量、娶亲、迎送、住宿安排、谁人服侍等问了个清清楚楚。眉头一皱，计上心来！趁贾琏在外，凤姐先安排收拾出东厢房三间，然后禀明贾母以进香为名，直奔府后的尤二姐处。

尤二姐不曾防备，并行礼相见，凤姐便先入为主，诉说情由。先是以贾琏娶二房是大礼，也是以备生育，她是早就已经劝过了的；但是住在外面，不是妥当，要进到家里去，才不受人说闲话。凤姐求她“同居同处，同分同例，同侍公婆，同谏丈夫。喜则同喜，悲则同悲；情似亲妹，和比骨肉”。

天花乱坠般的真情表白之后，又让平儿见了礼，劝说尤二姐搬到家里去住。因为府里规矩多，所以尤二姐要从大观园的后门进去，只带了细软。李纨及大观园中的人多数见过尤二姐了，所以先安排尤二姐在李纨处住下，并逐渐将尤二姐的丫头一个个替换掉。

不到三天，服侍尤二姐的丫头善姐就不服使唤起来，先是言语相激，后来是给尤二组的饭菜不够。而凤姐还是五日八日地与尤二姐见上一面，满嘴“姐姐”不离口的，和颜悦色。岂不知，凤姐让旺儿打听，将尤二姐所有事情都了解清楚，特别将与张华的婚约之事调查清楚。并给旺儿二十两银子，把张华养活起来，让张华写状子去告贾琏“国孝家孝之中，背旨瞒亲，仗财依势，强逼退亲，停妻再娶”。在知道了张华不敢退亲后，凤姐指使旺儿告状。张华在公堂上供出了贾蓉，都察院在凤姐和贾珍两头收银子，乐意如此。凤姐再到宁国府，大闹尤氏，哭闹，撕扯，贾蓉自己掌嘴，像揉面团一样把尤氏折腾不休。最后告诉尤氏，要带尤二姐见老太太、太太一干人等。尤氏和贾蓉感谢不尽。

果然，凤姐带尤二姐见了老太太、太太等人，并告知了尤氏之情节。但暗中仍然让张华告状，等督察院有消息后，便告知贾母，贾母便要求凤姐料理。而贾蓉父子，出了百金让张华逃走了事。张华逃走后，凤姐担心张华日后会翻出这些事情来，对自己不利，就悄悄命旺儿设法把张华弄死，斩草除根，来保住她的名誉。旺儿害怕，完事后躲了几日，最后才迫不得已说出张华已经被人打死。此时，凤姐才将张华之事放下。凤姐的“狠毒”可见一斑。

贾琏回家后知道此事，已经无处躲藏，因此前贾琏办事妥当，贾赦竟然把一个丫鬟秋桐赏给他带回去，凤姐为其摆酒接风。凤姐还不停地说尤二姐名声不好，并暗中唆使秋桐挑起明火，秋桐经常开骂尤二姐，加上饭菜不好，尤二姐生起病来。请了胡太医来治病，把怀孕当成瘀血症状开药，结果打下来一个成形的男胎。贾琏气恼不已，凤姐求神拜佛，还请人算命，说是属兔的阴人相冲，落实秋桐后，秋桐更加对尤二姐咒骂不已。尤二姐苦情之下吞金自杀，她先是被葬在铁槛寺，后在尤三姐的墓穴之上，另点一穴，破土埋葬。

一条活生生的人命，就死在了凤姐的设计之下。凤姐用心险恶，可谓煞费苦心。

她先是把尤二姐接到荣国府，使其脱离自己的小领地。然后换掉尤二姐身边的丫鬟，孤立尤二姐。再让张华告状，在名誉上打击她，又让秋桐对付尤二姐，可以说是凤姐与秋桐临时联手对付尤二姐的。在各方的压力下，尤二姐不堪重负，以自杀收场。

王熙凤对付尤二姐，先“调虎离山”，后“借刀杀人”，从知道有新的二奶奶那刻起，她就步步都是算计，步步都有陷阱。

王熙凤为什么对尤二姐这么狠毒呢？这是因为王熙凤和平儿都有一个致命的缺陷，就是没有给贾琏生下儿子，从传宗接代的角度讲，这种情况下另娶侍妾是合理的。也就是说，任何一个人给贾琏生下儿子以后占优势的风险是存在的。“卧榻之侧，岂容他人酣睡”，在这一点上，王熙凤是不遗余力的，一定要将这种不安全因素排除。平时要提醒贾琏，而对于已经娶进门来的这位“二奶奶”就要全力对付，甚至不择手段。

同处这个竞争环境，尤二姐的势单力薄和王熙凤的人多势众形成了鲜明的对比。尤二姐除了一个妹妹尤三姐已经自杀外，尤老娘和尤氏几乎就没有什么能帮助她的，“人”上面就输了一大筹；可以动用的关系，在外面也就是贾琏，最多不过就是贾珍、贾蓉。而到了大观园里面，则一个关系都没有，连丫头都没有，银子更不用说，关系网也是如此。更何况，王熙凤还攥着张华的婚约一事。对于王熙凤来说，这简直就是一张王牌，张华到都察院的告状，就随时牵扯到这两边的相关人，可以把两边弄得鸡犬不宁。

最终，尤二姐以死亡退场，王熙凤仍然能稳稳地当二奶奶。这是一场生死局，有你没我，有我没你。王熙凤将阴谋发挥得淋漓尽致。在市场竞争位的条件下，已经存在的企业对于新兴同类企业打压的狠度，以及职场中个人的竞争激烈程度，也不亚于此。

尤二姐即便生下一个儿子，也不一定能动摇王熙凤在家里的地位，但是十年、二十年之后，王熙凤可能就面临“靠边站”的风险，所以王熙凤才需要无所不用其极地铲除尤二姐。

在市场经济实践中，新兴企业崛起的时候，同类的老牌企业也用过这样残酷的手段，甚至更加残酷，有的围堵新企业成功了，也有的失败了。只要竞争关系存在，就可能会用到残酷的竞争手段，毕竟商场如战场！

在你死我活的竞争状况下，不能用道德来评价！

不是打拳击比赛，这里不能打，那里不能碰，否则就是违规。生死战的搏斗，往往是越是不能打哪里，就越是要打哪里！

王熙凤赢了与尤二姐的较量，但是以后的理家，除了平儿，也没有人分担她的担子，她累得吐血，最终也没有再添子嗣，可谓“福兮祸所伏”。

而从尤二姐的角度来看，她自己没有一定的人际关系和社会经济积淀，而把希望完全寄托在男人们对她的青睐上，这是靠不住的，只是几个男人的争风吃醋让她感觉良好。同理，市场行情一时高涨，可能因为资源稀缺，也可能因为垄断经营或其他因素，并不能代表自身价值提高了。一个不练“内功”的企业可能面临很大的风险，未来将会吃大亏，也终究会被淘汰。（第六十七回《见土仪颦卿思故里　闻秘事凤姐讯家童》、第六十八回《苦尤娘赚入大观园　酸凤姐大闹宁国府》、第六十九回《弄小巧用借剑杀人　觉大限吞生金自逝》）

第六章

王熙凤经营能力
——月钱生利钱

袭人问平儿，当月的月钱为什么还没有放，无论是贾母、王夫人还是各房屋里的人，都引出了王熙凤放利钱收息（旺儿代办）的事实。利用公共资源，为一家人谋利，并不是稀罕的事情。但是，从这件事情来看，王熙凤是非常有经济头脑的，通过打时间差的方式，把利息赚到手。殊不知，这成了查抄贾府的一个重要罪证。

凤姐将固定月钱放出去生利钱，就是把流通中的固定资产（现金流）盘活的一种表现，月钱放得迟，不是一次两次的事情了。可见，在这个过程中，凤姐一直利用手头掌握派发月钱（现金流）之权力，为自家谋私利。虽然从规范上来讲，凤姐是违规的，但是从操作层面来讲，这是可行的，不然也不会有那么多利钱，有七八万金最后被查抄。在执行过程中，凤姐是非常有经营能力的。

第七章

王熙凤的应变
——解释绣春囊

王夫人拿着邢夫人塞过来的绣春囊质问王熙凤时，王熙凤的辩解是比较有节奏的，也是比较成功的。

首先，她“便依炕沿双膝跪下，也含泪诉道，‘太太说的固然有理，我也不敢辩我并无这样的东西’。”。这样的解释，在态度上是诚恳的，语气上是委婉的，使得辩解有了可以被接受的可能。同时，她也承认，会有“这样的东西”，给进一步辩解留下了余地。

紧接着，她求太太细详其理，从五个方面进行了分解推理式的辩解：

其一，从做工上讲，绣春囊是市卖货，纵使她本人有，档次上也不会是这样的。

其二，绣春囊是私人物品，她即使有，也是放在家里，不带到外面去。家里的姊妹间拉拉扯扯的，倘若被人看到，则显得不尊重。

其三，园子里的奴才中，比她年轻的人不少，她们也经常在园子走动，她们的身上也可能有绣春囊。

其四，邢夫人那边的小姨娘如嫣红、翠云等，尤氏身边的佩凤等，也偶尔会过来园子，绣春囊也有可能是她们的。

其五，园子里丫头太多，有一些年龄较大的已经渐懂风月，从外头带绣春囊进园也是有可能的。

这次，邢夫人是无意中从傻大姐手中得到这个绣春囊，并拿到王夫人处，让王夫人难堪。其实，这个绣春囊是司棋和她表哥潘又安的，只是被鸳鸯无意中撞破后匆忙丢下了。而面对王夫人这次突如其来的试探，王熙凤在受到委屈后，逐条进行委婉的辩解，取得了王夫人的信任，并受王夫人之命查抄大观园。

这是邢夫人故意给王夫人制造的一次难堪，王夫人看到这件尴尬的事情，非常恼火地质问王熙凤。面对突然来临的质问，王熙凤处理得很成功。这不仅因为她是王夫人的侄女，而且首先在于她态度诚恳，下跪，并流泪解释。其次，她冷静地分析绣春囊同自己身份的差异，从而减轻了他人对她的怀疑，直到最后解除怀疑，并成为由此事件引发的查抄的主要执行者。

这同晴雯被查抄的时候的态度形成了鲜明的对比，结果也迥然不同。(第七十四回《惑奸谗抄检大观园　矢孤介杜绝宁国府》)

第八章

王熙凤查大观园

——内部斗争的小波澜

王夫人查实邢夫人捡到的绣春囊不是王熙凤所有之后，王熙凤就提议，“平心静气暗暗访察，才得确实；纵然访不着，外人也不能知道。这叫作‘胳膊折在袖子内’”（家丑不可外扬）。

王熙凤安排平儿，叫人先是调兵遣将，让周瑞家的、吴兴家的、郑华家的、来旺家的、来喜家的现在的陪房进来，接受查抄，又来了邢夫人的陪房，连同王善保家的一同查抄。

王善保家的，首先提到了晴雯，是宝玉房里的，“那丫头仗着他生的模样儿比别人标致些，又生了一张巧嘴，天天打扮得像个西施的样子，在人跟前能说惯道，掐尖要强。一句话不投机，他就立起两个骚眼睛来骂人，妖妖趫趫，太不成个体统”。这样的描述，让王夫人对晴雯的印象一下变得不好了，于是先叫晴雯来接受调查。

果然，晴雯被王夫人指责：“你天天作这轻狂样儿给谁看？……我看不上你这浪样儿，谁许你这样花红柳绿的妆扮！”王夫人后回禀老太太撵她出去。

王夫人盛怒，加之王善保家的煽风点火，凤姐决定晚上关了园门，趁园内人不防备，带人搜查各个房里面的丫头们。先查怡红院，凤姐只能带头处理，以丢了东西为名来查。对其他人还好，对晴雯则翻箱倒柜，气愤异常。结果，在怡红院没有查出什么来。

继续查抄时，因为宝钗是亲戚，自然不能查，只在黛玉房里查了，并到了探春处。探春不简单，说自己是贼头，主动把自己的箱子打开。凤姐笑着赶紧安抚说："我不过是奉太太的命来，妹妹别错怪我，何必生气。"而王善保家的不知道天高地厚，在探春身上动手动脚，被探春一个巴掌打跑。其他人劝探春，凤姐直到服侍探春躺下才离开。挨着住宿查了李纨处，以及惜春的丫头，查到了丫头入画，有贾珍赏给她的东西。接着查到了迎春房里，查到了大丫头司棋箱子中有一双男人锦带袜并一双锻鞋，又有一个小包袱，里面有一个同心如意，及她表哥潘又安写的信。

司棋是王善保家的外孙女，王善保家的一心要拿别人的错，结果抓到了自己的外孙女，凤姐安排两个婆子看管司棋，怕她晚上寻短见。

这次的查抄，就是以查偷盗为名，奔着丫头们去的，对晴雯是有针对性的，而查出了入画、司棋，纯属意外。而探春的见识和举动，更是惊雷一般！

凤姐查抄大观园时有内部斗争，邢夫人不当家，有给当家的王夫人难堪的意图，结果查到了邢夫人的陪房的外孙女，最终因为司棋被撵出去，潘又安为了娶她而去挣钱，是司棋误会了表哥，导致了司棋的死亡。这是一次内部拆台式的竞争关系引发的查抄。凤姐在查抄到入画的时候，很有节制地给惜春讲了好话："素日我看他还好。谁没一个错，只这一次。二次犯下，二罪俱罚。"

这次内部查抄，在宝玉房撵走了晴雯，晴雯一死了之；在惜春房撵走了入画；在迎春房撵走了司棋，司棋一死了之。两个丫头就这样离去。

探春的预言："可知我们这样的大族人家，若从外头杀来，一时是杀不死的，这是古人曾说的'百足之虫，死而不僵'，必须先从家里自杀自灭起来，才能一败涂地呢！""堡垒最容易从内部攻破"，这是一个对于群体中"内斗"引发的"内耗"最直白的警告！

"宁做鸡头，不做凤尾"的思想，是团队建设的最大障碍，而人人想做鸡头，必然是头破血流。虽然说内部有一定竞争，可以保持一定活力，但是，内部竞争的一个中心思想是，通过内部的竞争关系，整合好各方面的资源，使整体利益最大化。而不是为了各个山头，把力量用在过度竞争上，那就变成内部斗争。这种内部斗争扩大化的结局，是把自己整成一盘散沙，极易被外部的竞争对手打垮。甚至在一定的情况下，自己会先垮掉。此为后来者戒！

第九章

王熙凤支持探春
——管理者的胸怀

探春在大观园里的小改革，与王熙凤的做法是不一样的。平儿侧面过来了解后，会给王熙凤讲具体的情况。而王熙凤跟平儿说："虽是姑娘家，心里却事事明白，不过是言语谨慎；他又比我知书识字，更厉害一层了。如今俗语说'擒贼先擒王'，他如今要作法开端，一定是先拿我开端。倘或他要驳我的事，你可别分辨，你只越恭敬，越说驳的是才好。千万别想着怕我没脸，和她一犟，就不好了。"

这体现出对临时当家的探春的支持，但这段对话里有以下三层意思：

第一，凤姐虽然聪明伶俐，但是不太识字，更不会写字。她认识到，探春比她还要厉害，是因为探春"知书识字"，探春掌握的书上知识多得多。虽说实践出真知，但在实际操作层面上，"知识就是力量"是永远不过时，仅从这一点来看，凤姐是很有自知之明的。

第二，新人上台要把权威使用好，不能用旧的权威来压制新的权威，否则就难以成事。日常当家的是凤姐，探春开始理家的时候，不论碰到什么事，都要维护当家人的权威：一是不能掣肘，二是不妄加干涉，三是不能表达不同尤其是反对的意见，这样不利于新人的操作。由此而见，凤姐做事很懂分寸。

第三，把面子看得小，把成效看得大。荣国府固然一直是凤姐当家，但权威的施行一定是为了效果，而不是面子。虚的东西靠不住。

仅从这一点讲，凤姐是个有胸怀也善于支持新人的管理者。而不是像现实中的一些管理者那样，希望后继者能力比自己弱，处理事情没自己好，以此来显得自己能力强一点。在这一点上，凤姐确实是有胸怀的。

第十章

王熙凤应对无厘头敲诈
——意外之财的支出

因为元春是皇宫德妃，贾府与太监走动会多一点。太监这个在最高统治者身边的群体，在《红楼梦》中表现出来的是贪婪与无度。

某日，贾琏与王熙凤在家里时，突然有家人传话说，夏太府打发了一个小内监来说话。而贾琏忙皱眉道："又是什么话，一年他们也搬够了。"

通过这一句话可见，一年中应该有很多次这样以借为名的敲诈。只借不还，不是敲诈是什么？

果然，小太监继续说："夏爷爷因今儿偶见一所房子，如今竟短二百两银子，打发我来问舅奶奶家里，有现成的银子暂借一二百，过一两日就送过来。"小太监继续道："夏爷爷还说了，上两回还有一千二百两银子没送来，等今年年底下，自然一齐都送过来。"

上次借的银子还没有还，这次又接着借，这是典型的"领导身边"的腐败，也是权力中心的腐败。而王熙凤很无奈，也只能笑道：

“你夏爷爷好小气，这也值得提在心上。我说一句话，不怕他多心，若都这样记清了还我们，不知还了多少了。只怕没有，若有，只管拿去。”

事实上，他家里真的没有银子，只能让平儿取了两个金项圈，叫旺儿媳妇去当了，换取四百两银子用。银子一半分给小太监带走，另一半留下过中秋节用。这里说到的只是一个太监，但是贾琏曝出另一个事实来，“昨儿周太监来，张口一千两，我略应慢了些，他就不自在”。

这些依仗统治机器的蛀虫，要钱时是来得多么的冠冕堂皇！随便找个理由，就都是来钱的借口。试问，这样的家庭能长远维持下去吗？

在企业经营过程中，苛捐杂税、各种摊派都是影响企业成长和企业经营的不合理行为，甚至是犯罪行为。但是，很多企业都会碰到这样那样“打秋风”的事情，检查不是以检查问题为名，而是以制造困难为目的，通过制造事情来“钓鱼执法”，变相地达到敲诈勒索的目的，跟这些“守忠，秉忠”的太监没有太大的区别。这是一个活生生的现实，但是企业很无奈。（第七十二回《王熙凤恃强羞说病　来旺妇倚势霸成亲》）

第十一章

王熙凤的委屈
——家婆给的难堪

大观园的婆子喝了酒，对尤氏无礼，所以把两个误事的婆子捆了起来。而邢夫人在贾母的寿宴结束后，当着许多人赔笑向凤姐求情："我听见昨儿晚上二奶奶生气，打发周管家的娘子捆了两个老婆子，可也不知犯了什么罪。论理我不该讨情，我想老太太好日子，发狠的还舍钱舍米，周贫济老，咱们家先倒折磨起人家来了。不看我的脸，权且看老太太，竟放了他们罢。"

在大庭广众之下，作为婆婆的邢夫人，看似向凤姐求情、说好话，结果却是让她难堪。这件事情的起源是，在荣国府值班守夜的婆子喝了酒，不听尤氏安排。而周瑞家的本来已经对这几个婆子有意见，故而报告给凤姐，说这几个婆子得罪了宁国府的奶奶，于是将其捆了起来等候尤氏发落。

凤姐是"又羞又气，一时抓寻不着头脑，憋得脸紫涨"，颇为难堪。说得直白一点，在此事上，她既要把尤氏的面子找回来，也要警示一下下人，凤姐给大家解释，既要给赖大家的解释，又要给王夫人、尤氏解释。一些虚礼的事情竟然让她如此难堪，后来王夫人命人将两个婆子放了，凤姐回房间后委屈地哭了起来。贾母知道原委后道："这才是凤丫头知礼处，难道为我的生日由着奴才们把一族中的主子都得罪了也不管罢。这是太太素日没好气，不敢发作，所以今儿拿着这个作法子，明是当着众人给凤儿没脸罢了。"

在侯门深似海的家庭里，做婆婆的要有办法让儿媳妇丢脸，还要让媳妇不敢顶嘴。在贾母的寿宴上、众人之中，凤姐如何能顶，如何敢顶？只能"打断牙和血吞"了。

如果不处理那两个值班守夜的婆子，那么，一来对不起宁国府的尤氏，二来下人会越来越没有规矩。现在王熙凤一出来，邢夫人求情，就是打脸王熙凤。幸亏贾母清楚，不然是多处不讨好的。

按理说，王熙凤基本上是除了贾母外的二把手，论地位和实权，王熙凤都不是可以随便批评的。尽管如此，王熙凤仍然存在很多的限制和无奈。邢夫人把多次抱怨一次性地撒在王熙凤身上，何况日后还有更加为难的。

无论多高级别的人，只要存在上级，就难免有受委屈的可能性和必然性。面对这样的情况，凤姐的做法是躲到自己的屋里哭泣，因为无法辩解和诉说，所以只能默默承受。

第十二章

王熙凤力诎的实质
——形势比人强

贾母去世后，邢、王两位夫人知道王熙凤办过宁府秦氏的事情，必然妥当，便让王熙凤继续操办荣府的事情。凤姐让周瑞家的传出话去，查看花名册，总共有男仆二十一人，女仆只有一十九人，余者全是丫头，连各房里的算上也不过三十多人，难以办差事。

首先，人手不够。其次，资金不足。王熙凤找贾琏。贾琏没有钱，王熙凤只有再次找鸳鸯，并从王夫人处挪出一份平常使用的银子来。

在这样的情况下，在花名册上的人，有告病的，有开溜的，有下庄子不来的。照应了里面，外面却没有人照应。照应得外面，里面没有照应。王熙凤还要遭受婆婆邢夫人絮叨，并婉转地遭受了王夫人的批评。

王熙凤无奈之下，只能请众人前来，并吩咐说："大娘婶子们可怜我罢！我上头捱了好些说……好大娘们，明儿且帮我一天。"王熙凤在下人的抱怨与太太的指责声中，给仆人说好话，求人办事情。她连这些都不能做到，被小丫头一句转告邢夫人的话气得当场吐血晕厥过去。

俗话说，“巧妇难为无米之炊”。王熙凤在贾母去世后的表现，与秦可卿去世后的表现是完全两样的。也难怪下人讲：“二奶奶在东府里怎么的，就这里怎样的。”

有句话叫“形势比人强”，王熙凤操办宁府中事，正逢贾府鼎盛之时（元春加封贤德妃并省亲），基本上在旺盛之际。要人有人，要钱有钱，要势有势。加上荣国府有贾母的支持，宁国府有贾珍的相邀，可以说是各方面条件都处在有优势的时候。

而贾母逝世之际，元妃已薨，贾府被抄，且贾赦、贾珍已被罢官夺爵。贾府在风雨飘摇之中且前途未卜，要人人不够，要钱钱没有，要势势已散，处处被掣肘。纵使凤姐是天才，也难挽回颓势。与其说是凤姐力诎，倒不如说是贾府势消。

在现实的企业经营管理中，当一个产业的产品处于行业利润期或者上升期的时候，经营和管理往往是粗化的，且有可观利润。俗话说，“站在风口上，猪都能飞起来”。而当一个产业的产品处于被替代并走向消亡的时候，即使再精细化的生产和管理经营，都难以改变企业产品被替代的命运。这不是经营者个人能力的问题，而是客观而不容回避的现实。（第一百十回《史太君寿终归地府　王凤姐力诎失人心》）

第十三章

王熙凤理家得与失

——不以成败论英雄

首先，凤姐敢于担当。在协理宁国府时，王夫人就提出，不能单看到凤姐喜欢卖弄才华这样的表面，而要进一步看到凤姐敢于挑战困难的勇气和决心。她作为贾府中关键的当家人，是个敢于挑战并且有担当的人，这是不容置疑的，几乎所有执行层面的人都有这样的特点。凤姐作为一个上上下下都要打理好的人，比别人更加需要担当，更加需要付出。

这样，她处在小家的权力中心位置上时，往往是千头万绪，什么事都要她出面交涉，并找出具体的解决办法。俗话说："有钱的掌柜好当。"在贾府形势日渐衰落之时，把这个家维持下去是很不容易的。她在当家的过程中，经常提到用"现银"去"典当"，可见，她要处理的往往是比较紧张的现金流，然而她身体不好，只是在苦撑。

"誉满天下，谤满天下"，道出了在关键位置上的管理者所面临的压力。所谓“宠专一人，妒集一身”，这对凤姐的压力是颇重的。她看似权力大，其实责任大，没有做到这个位置的人总认为做到这个位置就可以颐指气使，狐假虎威。但当真正做到这个位置时，才深刻明白，不论贤愚都只能加倍小心，这是稳妥之道。所以，凤姐说，我在这样的情况下理家，难免得罪下人，难免有人想对付我。赵姨娘娘是现世报，有人在凤姐死后恶毒对待巧儿，都是因为如此。生前不敢怨恨，死后便来报复。

总体来看，贾府被查，搜出的利钱七八万金，都是这些年来凤姐理家时通过各种方式得来的。结果，这些利钱被查，她还得了罪名。凤姐在这个平台上的背景已经基本被撤去；贾母去世更是雪上加霜，这使她失去最高层的支持。在这种情况下，事情是非常难办的，下面的问题也会逐渐暴露。所以，这样多头难办的事，她必须也只能苦撑，虽然这往往不一定讨好。

对于一个职业经理人来讲，平台的重要性往往就在于此，没有平台，就可能什么都不是。这样的话，就远远不是凤姐一个人的悲剧了。

第四篇

平儿篇：优秀的副手

第一章

平儿从何处来

平儿是王熙凤家陪嫁的丫头，然后成了贾琏的通房丫头（侍妾），在陪嫁过来了的四个丫头中，后来只剩下平儿一个，并成了贾琏的通房丫头，同时也成了凤姐理家的左膀右臂，是最主要的得力副手。

平儿是丫头出身，是不能直接在贾府理家的，但是作为王熙凤的主要副手，确实是做了这个核心人物的理家助手，她在凤姐理家的过程中，发挥着独特的作用。

第二章

平儿协助管理的案例

第一节

情掩虾须镯——维护宝玉的名声

在大观园烤鹿肉的聚餐后，平儿发现自己的虾须镯不见了。凤姐则嘱咐不要张扬，要慢慢留心查找。结果，被宝玉房里的宋妈找到，是宝玉房的坠儿偷了虾须镯。

平儿知道后，便找麝月来说。考虑到前几年有人偷玉的事情，怕影响不好，而且坠儿是宝玉房的，所以叫她不要告诉宝玉，既让宝玉的面子好看，也让老太太、太太不至于生气，更为了让袭人等身边的丫头们面子上好看。

于是，平儿向凤姐撒谎，说镯子不见了，是因为掉在草根底下的雪里头，雪化尽了才显出来。平儿告诉麝月，以后要注意提防这类事情再次发生，并特别强调，不要告诉晴雯这个有着“爆炭”脾气的人，以避免问题扩大化。最好能够大事化小，小事化了。没料到，宝玉偏偏躲在后门，偷听到了这个消息。

宝玉听到情况后，倒是很感激平儿对自己的顾念，但同时也将自己听到的消息一字不漏地转告给晴雯，于是，后来就有晴雯怒撵坠儿一事。

在处理这件事情上，平儿的考虑是比较稳妥的，她也抱着息事宁人的态度。首先，平儿说虾须镯是“掉”在了雪里，雪融化后才显露出来，这个责任就在平儿本人，她把责任变相地安在自己身上；其次，平儿告诉麝月，晴雯这样的人有不好的性情，一定要提防，不能任由其发展。尽管是好心遮掩，但是难逃意外。没有想到的是，晴雯通过宝玉的偷听知道了这件事情，结果，坠儿还是没有改变被赶的命运。

处理“家丑”，始终是要以大局为重。宝玉是贾府的未来之星，他身边的人出了偷窃的丑事，自然不能张扬，如果到处嚷嚷，那么虽然要处理下人，也难免对宝玉的名声造成负面影响。所以平儿采取了压住不处理也就是“冷处理”的方式，把事情告诉了麝月，通过麝月的关注来制止这样的事情再发生。（第五十二回《俏平儿情掩虾须镯　勇晴雯病补孔雀裘》）

第二节
得饶人处且饶人——威严下的宽仁

宝钗命莺儿去黛玉处取蔷薇硝来，蕊官与其同行。莺儿在柳叶渚摘了柳条并花儿，编成了花篮玩。何婆子的女儿春燕看到后，就同蕊官、藕官一起玩。春燕的姑妈是承包这块花草的人，她看到春燕也在一起玩，就数落春燕。而莺儿开玩笑说，是春燕让她们摘的，摘了给她编着玩。春燕的姑妈于是打了春燕，并且在春燕的娘也赶到时，挑唆春燕的娘打春燕。无奈之下，春燕一路跑到了怡红院袭人处求救。

袭人拦住了春燕的娘，但是春燕的娘因不知道袭人的身份，以为对方好说话，顶了袭人不说，还要追着春燕继续打。在麝月的示意下，春燕躲在了宝玉的后面，春燕的娘更是不知道天高地厚地追到宝玉身边。麝月让小丫头去叫平儿来处理该事。众人劝慰春燕的娘时，平儿已经有了处理对策。她先把春燕的娘撵出去，并叫林大娘在角门子上将其打四十板子，以示惩戒。

此时，春燕的娘泪流满面地求饶，央告袭人，担心自己出去后没有生活的依靠。袭人提醒她，要留在这里，就要守规矩，要听话。宝玉也见她可怜，便没有追究，仍然把她留了下来。

当平儿跟进这件事情时，袭人说“已完了，不必再提”，这样就免了春燕的娘被打一顿并赶出去的惩罚。一件看似要从重处理的事情，就这样简单地处理了。

从平儿的角度来看，基层（袭人）已经有了处理意见，就是得饶人处且饶人，于是她展现出宽容的态度，特别是只是小冲突时，最好能够息事宁人，不再追究，这也是兴旺之道。

把基层的问题尽量留给基层解决，是一个重要的解决方法。“解铃还须系铃人”，如果事情都需要上级去解决，那么矛盾双方就会不服气，反而造成更大矛盾。而让矛盾双方先想出处理办法，这样就会更加让人信服。（第五十九回《柳叶渚边嗔莺叱燕　绛芸轩里召将飞符》）

第三节
蔷薇粉，茯苓霜——内部争斗的小波澜

春燕根据宝玉的要求，让春燕和她的娘给莺儿道歉，因为莺儿是宝钗房里的，是亲戚，这样的无礼是不应该的。春燕和她的娘两个给莺儿道歉并从蘅芜苑退出后，蕊官追了出来，她让春燕给芳官送一些蔷薇硝来。

于是，春燕回复过宝玉，并带来了蕊官转给芳官的蔷薇硝。而贾环要宝玉给他分一点。宝玉无奈，芳官却认为这是蕊官给她的心意，不愿意分给贾环，而只是从梳妆处单独拿出蔷薇硝给贾环。谁知道，蔷薇硝没有了，她就给了贾环茉莉粉。

贾环得来的茉莉粉，是拿去给彩云的，彩云认出这是茉莉粉而

不是蔷薇硝。赵姨娘趁家里的太太不在，便要去抖抖威风，拿着茉莉粉在怡红院里大骂芳官，于是与芳官厮打，蕊官、藕官、葵官和荳官也加入打斗中。在尤氏、李纨、探春的干预下，大家才不再闹腾。

赵姨娘没有脸面，而探春对这样没有头脑的母亲也是无可奈何，只能劝其宽心。这件事，从贾环开始就是没有道理的。赵姨娘更是愚蠢，作为贾府当家人贾政的侍妾，她居然去跟一个丫头厮打，被夏婆子挑唆一点都没有辨别的能力。"你想一想：这个屋里除了太太，谁还大似你?"这话谁能信，偏偏赵姨娘信。其结果是，被这些平时看芳官一干人等不顺眼的人当枪使了一回。自己灰头土脸，并且让探春也没有面子。

赵姨娘在家里是有地位的人，从家庭身份来讲，她是贾政的侍妾，只比太太低；另外，她生了探春和贾环，将来是有靠头的，但就是不自重，弄得没有脸面。还好事情处理得及时，没有出现特别难堪的事。而恰恰是因为及时平息了这个问题，结果没出什么大问题。

芳官说到底只是丫头，而赵姨娘是有身份的主子。小事情没有处理得彻底，大问题就会接着来。

芳官把宝玉给的玫瑰露给了半瓶柳五儿，而柳五儿为了感谢芳官，从舅舅家带来茯苓霜后，晚上就给了芳官一包。柳五儿从怡红院回来之时，碰到了查夜的林之孝家的，经过盘问，发现事情不对劲。听过小丫头及其他婆子的说法后，柳五儿发现凤姐要求查的玫瑰露瓶子在厨房里也有一个。林之孝家的立即到厨房核实，确实找到了玫瑰露瓶子，并搜到了一包茯苓霜。

经过层层汇报，凤姐给出了处理意见：“将她娘打四十板子，撵出去，永不许进二门。把五儿打四十板子，立刻交给庄子上，或卖或配人。”

此时的平儿，向林之孝家的转告了凤姐的安排，但平儿还是听了柳五儿哭哭啼啼地诉说前因后果。平儿悄悄地向袭人确认，芳官的玫瑰露确实是宝玉所赠，而芳官送予何人则不知。宝玉和芳官知道后，芳官承认是自己把玫瑰露送给柳五儿的。晴雯说出太太跟前的玫瑰露是彩云偷了给贾环的，彩云与玉钏儿两个都有嫌疑。

平儿知道，如果细查下去，必然会水落石出，但这就牵扯到赵姨娘。而查彩云则“打老鼠伤了玉瓶儿”，这样会伤到“三姑娘探春”。如果不彻查，大家反而会认为查的人是没有本事的，这不利于以后理家。因此，单独叫了彩云和玉钏儿来核实，并且先说了缘故，而彩云知道平儿已经查到事情是她所为，便索性承认是她偷的，与其他人无关。

证据确凿，如何办理？

如果据实处理，就会涉及探春，这样对日后处理事情不利。由宝玉承认是他偷的，是为了吓唬她们丫头们玩的，并把这话告诉柳五儿，说茯苓霜也是宝玉所赠则更好。然后，进行冷处理，柳家的虽然已经被林之孝家的押解多时，但是平儿当众说了是宝玉所为，便自然无人敢再处理了。

平儿同时告知了凤姐缘由，凤姐也同意了这样的处理方法。平儿对林之孝家的讲："大事化为小事，小事化为无事，方是兴旺之家。"柳家的依然当差，后续小心就是。

这次玫瑰露与茯苓霜之事，是家庭内的一次小冲突。林之孝家的在柳家出事之后，已经安排秦显家的来接柳家的厨房之事，掌握荣国府的厨房这一摊子事。在这件事情前，迎春的丫头司棋因为鸡蛋羹的事情，已经带着人把厨房闹腾了一遍。司棋是邢夫人的陪房王善保家的外孙女，也是贾赦的女儿迎春的大丫头，这些都有邢夫人的背景。而因为玫瑰露的事情和茯苓霜的事情把柳家的赶走，则是一次典型的"内耗"。

平儿牵头处理此事，采取的是息事宁人的办法，使得内部处理伤害最小化。由宝玉主动承认偷玫瑰露，并掩盖茯苓霜的来历，保护了柳家的和女儿柳五儿，避免了母女被赶出去的后果。

一个团队，一旦"内耗"，就会将内部的力量用在相互消耗上。如果说茉莉粉替代蔷薇硝只是姨娘一人的力量引起的"内耗"，可以控制在小范围内的话，那么由玫瑰露和茯苓霜引发的"内耗"则是比较大的一次"内耗"。

解决"内耗"，不是矛盾公开化，这样不利于问题的解决。对小范围的问题进行冷处理或处理最小化，是比较明智的选择。平儿在此问题上发挥了主导作用，把一次"内耗"控制在苗头状态，这是妥善处理内部矛盾的主要手段。

"内耗"是团队内部负能量的持续运行，从内部竞争的角度来讲，内部小团队甚至个人有一定竞争，的确有利于团队运行效率的提高。但是，竞争不能变成争斗，如果那样的话，将对内部的运行影响非常大，而且这种争斗往往不是争斗双方能够自发停止的，往往需要外部包括上层的排解，这样会增加内部的裂痕，不利于团队的生存和发展。（第六十一回《投鼠忌器宝玉瞒赃　判冤决狱平儿行权》）

第四节
张弛有度——处事恰到好处

迎春的乳母把迎春的累金凤抵押后去赌博，并且生事，不及时赎买。老奴欺主，被探春处理之后，迎春乳母之儿媳妇即王住儿媳妇跟在平儿后面，百般央求："姑娘好歹口内超生，我横竖去赎了来。"平儿答应她："既是这样，我也不好意思告人，趁早去赎了来交与我送去，我一字不提。"王住儿媳妇自个去处理。

因为探春已经要求由凤姐处理，凤姐便派了平儿前去。回来后，王熙凤问平儿，探春找她何事。平儿没有告诉王熙凤事情的真相，而是告诉她，探春关心她的饮食健康。这样，就暂时把此事压了一压。

平儿是凤姐的"全权代表"，但是在平儿处理之前，则由暂时当家的探春严厉斥责并严肃处理。这就来说，"当家人"已经有处理的意见，或者说底线，那就是必须将累金凤赎买回来。平儿的处理就是按照这个意见去处理，并维护探春的底线。因为迎春的乳母带头聚赌，所以是要被撵出去的，这是贾母的处理，不容辩解。现在唯一没有解决的就是把抵押物赎买回来，探春已经有了处理意见，平儿就没重复的必要。但是，她的底线就是赎回累金凤，要落实到位。

所以，王住儿媳妇的表态只是态度，不是兑现。平儿的底线就是“赎了来交与我送去，我一字不提”，必须落实到才不会继续追究。已经有了处理方案，特别是在一把手定性的情况下，平儿作为副手的实权性处理，就是保证这个处理方案得到落实，既不能另出方案，也不能从中作梗。确保现有方案执行下去，有成效，就是工作到位。

第三章

平儿的善良与关注弱势

第一节

给邢岫烟送外套——关爱贫弱

邢岫烟在贾府雪景里同大家一起作诗起社玩，平儿关注到邢姑娘的衣着单薄，给凤姐说："昨儿那么大雪，人人都是有的，不是猩猩毡，就是羽缎羽纱的，十来件大红衣裳映着大雪好不齐整。就只他穿着那件旧毡斗篷，越发显的拱肩缩背，好不可怜见的。"所以，平儿带了一件大红羽纱的雪褂子，托袭人给邢姑娘。（第五十一回《薛小妹新编怀古诗　胡庸医乱用虎狼药》）

第二节
给尤二姐弄饭菜——不落井下石

凤姐把尤二姐骗到了贾府，过两三天后，每日只命人端了菜饭到她房中给她吃，那茶饭都系不堪之物。而平儿看不过，只能自己拿了钱出来弄菜给尤二姐吃。

或者是有事作假，凤姐说去园中玩耍，在园中，厨内另做了汤水给尤二姐吃。凤姐从秋桐处得知后，骂平儿说：“人家养猫拿耗子，我的猫只倒咬鸡。”于是平儿不敢再给尤二姐饭菜。最终，尤二姐不堪折磨而吞金自杀。

平儿在这两个事情上表现出来的是关注弱小的怜悯之心。一个团队中总会有人受到生活的各种折磨和不公，如何对待这些人，就是要“适当关注和照顾”，让团队更加温暖，也更加能凝聚人心。

第四章

副手的价值体现

——做好一把手的有益补充

凤姐理家，是强势的作风，这是有娘家的底气，更是有贾母的支持。但这不意味着没有问题。平儿作为凤姐的最主要副手，就是通过查缺补漏的方式和以柔克刚的方法协助凤姐理好家的。无论是谁主导治理家庭，都是会有失误的，甚至是失职。

古语云："无咎者，善补过也。"刚则辅之以柔，柔则示之以刚。副手的着眼点是执行后的检查和微调整。

刚柔并济不是所有管理者都具备的手段，大多数人只是一种性情做事，所以副手的处理就显得更加重要。

刚柔并济的管理手段，不是并列的关系，而是互补的关系。在这样的情况下，就有主导性（一把手）与辅助性（副手）的区别。若主导以刚，则辅之以柔；若主导以柔，则辅之以刚。这样一来，就可以把整体绩效最大化。

副手的主要作用是协助，所以当凤姐生病时，平儿的替补作用就显示出来了，就连袭人都说："他奶奶病了，他又成了香饽饽了，都抢不到手。"有了平儿的支持，就不耽误大事情了。

第五篇

探春篇：体制内的改革者

第一章

探春是谁

探春是贾府中荣国府的三姑娘，是贾政庶出的女儿，嫡亲的母亲是赵姨娘，嫡亲的弟弟是贾环。在贾府里，本来就没女孩子理家的先例。而遇到王熙凤生病的情况，王夫人安排李纨、探春、宝钗来共同理家一段时间，这就给这位庶出的女儿提供了一个展示自我的平台。在李纨、探春、宝钗三人共同理家的过程中，探春表现出自己是理家的能手，并且在日后的生活中显示了果断的性格。从一个家庭的内部改革弊端的尝试开始，就给逐渐败落的贾府激荡起了活力的涟漪。这个涟漪，至今仍引起我们思考，其中探春尝试“改革”的事例，今天对我们仍然有启发。

在探春生活的当时，是王熙凤持家理家的时节，宁国府中的秦可卿病逝后，大的丧事没有；元春省亲后，大的喜庆的事情也没有。而只是在贾府家庭内部日常事务的持家理家，给了探春展示才能的舞台。尽管是临时性的舞台，但在《红楼梦》中，“探春”理家作为一个重要的事情便跃然纸上。

探春是一个纯粹的新手，但是这个新手刚刚上手就遇到许多事情，也展示出了她的智慧和才能，也不枉她说“如果是个男儿身，早就去建功立业去了”的志向。试着从《红楼梦》的故事情节中，来感受探春的敏锐、老练、果断和智慧。

第二章

探春理家的改革措施

第一节

按例出银——把现成的制度执行好

一个管理者，最基本的是不被下面的人糊弄过去。探春是姑娘，而且是庶出的小姐，王熙凤因病放手让人管理家务后，便由王夫人出面，协调探春、宝钗、李纨三人共同管理大观园及家务。在《红楼梦》第五十五回《辱亲女愚妾争闲气　欺幼主刁奴蓄险心》中，探春的明断与果敢都体现了出来。

具体地讲，事情的起因是，探春的亲舅舅、赵姨娘的弟弟赵国基去世了。为此，要按照礼节送礼，而下面办事的是吴新登的媳妇，并由她来汇报。吴新登的媳妇汇报后，说已经回过了老太太和太太，请姑娘处理。这样，就把处理送礼的礼数和礼金等事情，踢球给了探春。

吴新登的媳妇不是没有办过这样的事情，她也明明知道是什么样的规矩，但就是不告诉探春，把问题丢给了探春，看她怎么处理，这很明显是一个老奴欺新主的例子。

探春没有马上说出自己的意见，而是等大嫂李纨吩咐吴新登家的去取对牌，准备领 40 两银子之后，才叫住已经转身而去的吴新登家的，要求她说出其他姨娘家同样的成例，并要求把规矩说一遍。

吴新登家的推说自己忘记了，但这样做纯粹是欺负新人。这时候，探春显示出管理者敏锐的观察力和魄力。她先是要求按照账本上的记载，查阅祖宗留下的成例，查出来应该是 20 两银子。接着笑着批评说，“这话胡闹”。同时，给了警告“如果是凤姐来查，你敢说忘记了吗”，婉转地批评了吴新登家的做事马虎，做事敷衍，甚至找出其犯上的嫌疑，予以口头的警告。

随即按照姨娘家的“通例”，把赙银改成了 20 两，发送给赵家。吴新登家的在众人面前满脸通红，转身而去。其他待命的媳妇在门口吓得吐舌头，也把欺主之心压下去了。

这个事例，就是体现出贾府的老奴对新理家的探春不放在眼里。当中也有刁难探春的意思，结果探春敏锐地发现并申斥了她，让她懂得规矩，虽然是小试牛刀，却也见探春丫头与众不同的一面。

特别是在查抄大观园时，对于庶出的探春，王善保家的将她捉拿起来，把她衣服象征性地搜查，结果被探春一个巴掌打过去，探春果敢的风格，一下子就表现了出来。强势且不被人欺，特别是在老奴欺新主的现象中，探春显示了一个曾经管理者的风格和手段——必须强势处理，并且快刀斩乱麻。这一点，与迎春被老奴欺负是有很大区别的。迎春的奶妈，竟然因为赌博而将迎春的金属项圈抵押了出去，还有欺压的成分。这件事情，探春并不完全了解，所以探春这一巴掌是对贾府老奴阶层中藐视小主人的下人们的一个警告。

在管理实践中，新人在职场中，要经历原有工作圈子或者说是接纳和融入的过程。无论是平级还是上级，新人刚刚进入的时候，状况不明，这样给欺负新人的人以机会。一个优秀的管理者应该如探春般敏锐，并能够有效地做出回应。

如果没有做出有效的回应和措施，那么日子恐怕是不太好过了，要么因为出责任问题而被踢出局，要么因为自己无力驾驭局面而失控后出局。现实就是这么残酷。

第二节
节流措施——蠲除宝玉、贾环、贾兰的重复开支

探春给她的亲舅舅赵国基的赙礼只有 20 两，但前不久，袭人的母亲——宝玉准姨娘的母亲去世，给的赙礼是 40 两。之前因为赵姨娘吵闹而耽误了探春回禀的事宜，过后，探春才问起此事。

原来，那是给贾环和贾兰在学校的用度，具体来讲，就是买点心吃和买纸笔的钱。当她知道这是买点心吃和买纸笔的钱后，立刻提出重复支领的问题。

原因是宝玉在老太太处领过了，贾环在赵姨娘处领过了，贾兰在李纨处领过了，在月钱里已经支出过了。如果这项用度还要再单独领出的话，完全是重复的，所以她明确指出，并以不容商量的口气说："这一项减免。"

探春减免宝玉、贾环、贾兰这个费用，额度虽然不多，却也算是太岁头上动土。大家都知道，宝玉是贾府的掌上明珠，贾环是庶出的公子，贾兰则是贾政之孙、贾珠之子，是更小一辈中的"宝贝"，这三个人本就在府里很受宠。减免他们三人的用度，是需要勇气的。探春从小事开始改规矩，且从最亲的人（贾环）、最受宠的人（宝玉）的身边事开始改规矩。这样减免用度若是成功，就可以在同类事情上减少阻力，既然面对最亲的人、最受宠爱的人都敢于改变规则，那么在其他人的事上改变规则就不是不可以了。她的着眼点很好，也很实用，因为这件事上涉及的银子不多，也便于改变，无伤大雅。

同时，从重复支出的男孩的事例，联系到女孩的月钱，作为女孩子，她连自己用的头油粉脂的月钱支出也一一减免。这次还涉及代买的买办。姑娘们的月钱里本来已经包括头油粉脂的费用。给姑娘们采购的买办基本就是重复了的，且有代购、折扣的嫌疑。他们商量后，也免去了总买办的头油粉脂这一项。探春从小处着手，也触动她自己的切身利益，她仍然愿意这样做，可见她是非常有魄力的。

从贾府的账目上看，这些钱的重复支出应该减少。但是，从经手采办这些事情的人的角度来看，重复支出对他们来讲是额外收入。探春从这些小事着手，确实是动了这些人的“奶酪”。

在企业管理中，虚开的支出总会存在，从企业会计报表的角度看，这可能导致成本增加。但是，从经验来看，则可能是管理上出现了漏洞，其中有些可能是人为造成的漏洞。管理者采取有效的措施填补这些漏洞，就可以减少开支，算账到最后，就是企业增加利润。从小事做起，从身边的小事做起，是探春给我们的启示。

第三节
开源措施——承包大观园的杂事

在大观园里施行承包，源于赖大的儿子赖尚荣当官后请贾府的人吃酒。探春与赖大家的女儿谈起，花园里的树木花草，若被人包了去，则除了吃的外，年终还有二百两银子，从而引出大观园的承包，这也是探春作为管理者善于观察借鉴的结果。探春先是征求临时措施，在取得共识后，再进行承包设计。

探春先是与李纨商量，再跟宝钗沟通，承包设计的措施如下：

第一，对花园的修理进行分工，同时能够分得收成的果实（开源）。这样，就调动了老妈妈们工作的积极性，她们也有收获，还节省了修理花儿以及打扫的费用（节流）。

第二，承包管理的分工是，老祝妈管理竹子，老田妈管理稻香村的菜蔬稻稗，老叶妈管理草花等。

接着，承包的效益分配大致是：留给家中的收获固定，余者任凭他人采取去牟利；留足园中的，剩下的全是承包的老妈妈们的；与承包制配套，年终算账的时候，账房减少盘剥，直接分配利益。

配套成本的制度是在效益优先的前提下兼顾公平。一年之中，承包之人拿出若干吊钱，分配给没有参与的人。

探春实行承包分开，反响是各个欢喜异常，都齐声说愿意。

实行承包制后，每个人对相关联的事情的关注度如何呢？

其一，守门的小厮要柳家的偷几个杏儿出来吃时，柳家的啐道："今年还比往年？这些东西都分给众嬷嬷了，一个个的不像被抓破脸似的！人打树底下已过，两眼就像黎鸡似的，还敢动她的果子！"

其二，春燕的姑妈管柳堤一带地方上的东西，每天起早睡晚，自己辛苦，也逼着女儿侄女来看，一根草也不许人乱动。

其三，老祝妈在葡萄架下面掸虫子："我在这里赶蜜蜂儿，今年三伏里雨水少，这果子树上都有虫子，把果子吃得疤瘌流星的掉了好些下来……这马蜂最可恶的，一嘟噜上只咬破三两个儿，那破的水滴到好的上头，连这一嘟噜都是要烂的。"总之葡萄的好坏，是与她相关的。而碰巧遇见的袭人告诉她道："你就是不住手的赶，也赶不了许多。你倒是告诉买办，叫他多多做些小冷布口袋儿，一嘟噜套上一个，又透风，又不遭塌。"

承包制度的实行，促使人人参与到园子的管理中来，令每个人的积极性和责任心都发挥出来，这就达到了预先设定的目标。（第五十六回《敏探春兴利除宿弊　贤宝钗小惠全大体》）

第四节
能明而断——不轻易被利用

上文提到，贾环要求芳官送一点蔷薇硝给他，他带回去给彩霞，而芳官没有蔷薇硝，只将茉莉粉给贾环。贾环不认得，带去给彩霞后，彩霞说出这不是蔷薇硝，而只是茉莉粉。知悉此事的赵姨娘，自尊心受到了伤害，一定要和芳官闹个明白。结果，赵姨娘闹腾怡红院，折腾芳官。而芳官原来戏班里的豆官、葵官、蕊官、藕官也闻讯赶到，看到赵姨娘正在与芳官厮打，随即加入了这一场混战。

在平儿带着尤氏、李纨、探春三人稳住了众人后，探春先是劝离了自己亲生母亲赵姨娘，然后对李纨和尤氏说出赵姨娘没有头脑、爱上当的话，“作弄出个呆人，替他们出气”，并找人暗中查。艾官却举报式地指出了是夏婆子与芳官的矛盾引起厮打，事实也是如此，但是，探春也不肯以此为证来处理。为什么呢？

如果探春再过来处理夏婆子，那么她们母女二人就太悲哀了。夏婆子点火，赵姨娘闹腾怡红院，打芳官，是因为藕官烧纸，宝玉庇护了她，并指责夏婆子。在蔷薇硝被茉莉粉替代的事情中，夏婆子挑唆赵姨娘折腾芳官，是为自己出气。那么，艾官告密夏婆子，就有挑唆探春处理夏婆子之嫌，亦有为了芳官报仇之嫌。所以，探春决定不处理，这就避免事情的无限度发展，也避免被人挑唆，受人利用。

第五节
怒斥老奴——要回迎春抵押物品

在贾母亲自出面查家里的赌博之风后，查出的大庄家中有一个就是迎春之乳母。她不仅带头赌博，更糟糕的是，她把迎春的项圈、攒珠累丝金凤发饰拿走了，去当铺当了钱来赌博。

在这件事情上，邢夫人已经明确告诉迎春：“还恐怕他巧言花语的和你借贷些簪环衣履作本钱，你这心活面软，未必不周接他些。若被他骗去，我是一个钱没有的，看你明日怎么过节。”邢夫人警告过迎春，但是，迎春的懦弱给了她乳母更加过头地欺凌自己的机会，那就是她乳母的儿媳妇王住儿媳妇来请迎春，帮其婆婆说情。

迎春的丫头绣桔说，是迎春乳母拿了发饰，却说是在司棋处，最终迎春说出是乳母拿走当了钱去去赌博的事实。绣桔提出了要到琏二奶奶（王熙凤）处告发，但被前来替她婆婆讨情的王住儿媳妇听到了，并说请迎春前去讨个人情把人救出来，却被迎春拒绝。而绣桔则提出先赎金凤，其他再说。

王住儿媳妇对此愤慨，并向绣桔发话：“姑娘，你别太仗势了。你满家子算一算，谁的妈妈奶子不仗着主子哥儿姐儿多得些益，偏咱们就这样丁是丁卯是卯的，只许你们偷偷摸摸的哄骗了去。自从邢姑娘来了，太太吩咐一个月俭省出一两银子来与舅太太送去，这里饶添了邢姑娘的使费，反少了一两银子。常时短了这个，少了那个，那不是我们供给？谁又要去？不过大家将就些罢了。算到今日，少说些也有了三十两了。我们这一向的钱，岂不是白填了限呢。”对于这样贼喊捉贼式的胡搅蛮缠，绣桔不待其说完便啐了一口，道：“作什么你白填了三十两？我且和你算算账，姑娘要了你些什么东西？”

迎春不想将事情闹大，想息事宁人，而王住儿媳妇因为贾母处理迎春的乳母而让迎春难堪，却被宝钗、黛玉、宝琴、探春等听到。宝钗、黛玉、宝琴是亲戚，自然不能管家里的事情，她们本来只为了安慰迎春而来。探春则故意抓住这个问题。

探春笑着问道：“我才听见什么‘金凤’，又是什么‘没有钱只和我们奴才要’，谁和奴才要钱了？难道姐姐和奴才要钱了不成？难道姐姐不是和我们一样有月钱的，一样有用度不成？”

这样一说，直接抓到两个核心问题，一是金凤，二是问奴才要钱。迎春这个“和事佬”希望不再扩大问题，探春表现出来的是对迎春姐姐的关心，这让迎春无法拒绝。

而王住儿媳妇的解释，对于探春来讲是没有任何解释性说服力的，探春索性指出王住儿媳妇的真病所在，并要求把东西赎出来，趁事情还没有闹大，大家都还藏着脸面。并且要继续追查，也就是一管到底！

但是聪慧的探春不是直接去处理，而是给侍书使了眼色，把真正有权力处理且日常当家的平儿叫了来处理。王住儿的媳妇当时就慌了手脚，急忙请平儿听解释时，平儿将其申斥出去，让她在门外候着。

探春继续把理由陈述出来："我且告诉你，若是别人得罪了我，倒还罢了。如今那住儿媳妇和她婆婆仗着是妈妈，又瞅着二姐姐好性儿，如此这般私自拿了首饰去赌钱，而且还捏造假账妙算，威逼着还要去讨情，和这两个丫头在卧房里大嚷大叫。二姐姐竟不能辖治，所以我看不过，才请你来问一声：还是她原是天外的人，不知道理？还是谁主使他如此，先把二姐姐制伏，然后就要治我和四姑娘了？"

平儿赔笑，并让住儿媳妇赎回金凤发饰。探春表现出强势，就是要让家里的奴才不翻天。如果让家里的奴才有机会翻天，反而会把贾府的主人拧住，这是探春绝不能接受的。所以，探春的话比较强硬，并且有点上纲上线。

虽然探春表面上是给迎春出气，但实际上仍然是打击贾府中的家奴"老奴欺新主"的做法。

第六节
能护犊子——查抄大观园为丫头出头

王夫人安排王熙凤查抄大观园，主要是针对丫头们的，而到了探春房里，探春冷笑说："我们的丫头，自然都是些贼，我就是头一个窝主。既如此，先来搜我的箱柜，他们所有偷了来的都叫我藏着呢。”说着，命丫头们把箱柜一起打开，将镜奁、妆盒、衾袱、衣包若小若大之物，一齐打开，请凤姐去抄阅。并且说道：“我的东西倒许的你们搜阅；要想搜我的丫头，这却不能……你们不依，只管去回太太，只说我违背了太太，该怎么处治，我去自领。”探春态度明确，保护了丫头们的利益，也不让她们的尊严受到侵犯，这是多么难能可贵（同迎春、惜春比较）！

王熙凤都好言相劝，笑脸相陪地说好话给探春。偏偏就有人不长脸，要给“红玫瑰”添堵。是谁呢？就是告状的王善保家的，内心没有成算，却还要趁势做脸献好，越众向前将探春的衣襟一掀，笑嘻嘻道：“连姑娘身上我都翻了，果然没有什么。”

王熙凤还没有打完圆场，“啪”的一声，王善保家的脸上早着了探春一掌！并问道：“你是什么东西，敢来拉扯我的衣裳！我不过看在太太（邢夫人）的面上，你又有了年纪，叫你一声妈妈，你就狗仗人势，天天作耗，专管生事。如今越性了不得了。你打谅我是同你们的姑娘那样好性儿，由着你们欺负她，你就错了主意！你搜检东西我不恼，你不该拿我取笑。”这是探春的核心利益，也是她的尊严所在，因为探春是庶出的女儿，本来在家里就不愿意被人家瞧不起，是把自己内心的尊严看得非常重的，而王善保家的却毫不知趣，贸然行事，结果几十年的老脸被探春打得无处躲藏。

王善保家的被打，最终是邢夫人瞠言她太多事，想息事宁人，而探春是抱着顶罪的心态处理的。

探春是贾府内部的改革者，她承包大观园的花花草草、果子树叶，都是为了增加收入，减少支出。这些还远远不够，她对于贾府中有一定权力的奴才，也有一定的限制和打压。主要体现在对吴新登家的申斥、对王住儿家的追问、对王善保家的动手等事情上，把维护贾府主人的权威放在第一位。

她是临时出场的管理者，有明确的主导权，并在代管大观园的过程中有着明确的目的性，同时手段快速果断，是贾府中不可多得的人才。就连王熙凤也赞叹："将来不知道那个没造化的，挑庶正误了事呢；也不知那个有造化的，不挑庶正得了去呢。"

第七节
关键时刻能化解——为王夫人辩解

贾赦要逼纳鸳鸯为妾，贾母为此十分恼火，罪魁祸首的大儿媳邢夫人不在跟前，而在贾母身边的二儿媳王夫人则受到了贾母的怒斥。

其他人不敢辩白是各有缘故，正在需要"女儿"之际，探春主动向贾母启禀："这事与太太有什么相干？老太太想一想，也有大伯子要收屋里的人，小婶子如何知道？便知道，也推不知道。"笑着，就化解了王夫人的尴尬。同时给了贾母一个了解事实真相的机会，贾母醒悟后，逐一排解了危机。

探春此举，可谓"勇"。

第八节
勇于担当——汇报赌博之事

赌博之事，就是探春汇报给贾母的，然后就有贾母的严格排查。宝玉害怕贾政检查学业，要赶时间晚上攻读温习一下“四书”，所以，晴雯想出了一个晚上有贼把宝玉吓到生病的法子来，企图延缓检查宝玉课业。

这样做的目的是将动静弄得大一点，让贾母知道宝玉病了，不要让贾政逼着他读书，以免把他逼坏。

何曾想，贾母以小见大，要严肃处理。

调查之时，众人无语，而独探春向贾母报告了。在凤姐生病后，园子里的人比原来放肆了许多。从三五个的斗牌小玩意，到现在有赌局、头家局主（庄家）这样的混乱现象。

王夫人安排了李纨、探春和宝钗。李纨是寡嫂，少直面问题；宝钗是亲戚，更是不便插手。出现这样的问题，探春要承担主要责任，她的汇报就是主动担责的表现。

第三章

探春理家的思考

第一节

承包制的试运行——理家被停止

大观园的改革被迫最终停止了，因为大观园内“闹鬼”的事。先是王熙凤病倒，接着是尤氏病倒，贾珍没有办法，只好买了纸钱在园子里烧掉。之后，尤氏稍好了点，结果下人们中间，“一人传十，十人传百，都说大观园中有了妖怪……过了些时，果然贾珍患病，贾珍方好，贾蓉等相继而病”“园中出息，一概全蠲，各房月例重新添起，反弄的荣府中更加拮据”。

接着，贾赦亲自去大观园也是被吓得不轻。“贾赦没法，只得请道士到园中作法事驱邪逐妖。”

由探春发起的贾府内部的小改革，却由于探春的远嫁，而在开始不久后戛然而止。这样，使得贾府更加没有办法维持下去。

大到国家层面的改革，小到家庭方面的改革，总是随着主导人的变动而变动的。这些小改革，是家庭内部的革新人提出的变化。从根本上说，很难改变家庭运行的轨道。随着大观园的人去楼空，大观园里改革的试验也失败了。从大的层面讲，这没有能改变贾府的命运，更何况，这也改变不了贾府的命运。“君子之泽，五世而斩”，探春，这个姐弟一辈中最拔尖的小姐，也没有足够能力改变贾府的命运。

任何内部的改变，若没有持续发力，则无法运行长久。在家庭中是这样，在国家政策层面也是这样。

宝钗同宝玉结婚后，如果宝钗当家，或许会有些改变，但是，《红楼梦》中，已经没有这样的假设。

对于探春而言，在荣国府内的小改革尝试是有效果的，但是没法持久下去，这与荣国府本身的命运相关联，“皮之不存，毛将焉附”，贾府衰落是大趋势。而这个小改革，对后来远嫁的探春却是一个好的事情。

在荣国府里，探春虽然带头暂代王熙凤理家，但实际上是受到众多限制的。这主要是受到祖母层的贾母，父母层的邢夫人、王夫人，兄弟层的王熙凤的限制。影响理家运行的，不仅仅是二把手，也可能是三把手，甚至四把手。

一个勇于改革的人，一定是一个“一把手”，要在较大范围内一言九鼎，这样才有号召力，也才能有执行力。从王善保家的敢对探春动手、迎春奶妈的儿媳敢同探春顶嘴、赵姨娘敢来闹腾等事情就能看出，探春在临时代管家务，这个已经在再次授权的范围内，有比较大的限制。这个限制会让尝试改革的效果打折扣。

远嫁后的探春，反而可以在新的家里有一定的作为，毕竟她在荣国府有过一定经验，她是青出于蓝而胜于蓝的。

企业中一些有创新或者持续创新能力的中高层，在企业遭遇瓶颈无法打破的时候，另起炉灶的大有人在。“步步高”就是一个典型的例子。

从利润的角度来讲，当年的“VCD”“DVD”制作已经赚得盆满钵满，只要继续这样运作就可以，这是普通老板的思维。但这已经无法说服当时有企业持续经营梦想的最高层，他们选择集体“远嫁”，成立“步步高”品牌，并将其发展成一个系列，即“教育辅助学习的系列”，并持续发展到今天。

或许，“远嫁”就是不断创新者的宿命，当原有的体制、氛围已经无法容纳自己的时候，与其坐以待毙，不如放手一搏。“远嫁”海疆，风险无限，但也风光无限！（第一百零二回《宁国府骨肉病灾襟　大观园符水驱妖孽》）

第二节
理家的内部小改革——现代企业的改革思考

承包制度，往往是在打破平均主义、平等结果、“大锅饭”这样的运行机制后顺势而发的。现在流行的项目制、独立考核制等，都有承包制度的影子，就是把个体的积极性最大化。探春在大观园实行的承包制度，是贾府在倒塌之前的一次尝试，也是一次有效的尝试。而这次尝试的意义，远远超越了《红楼梦》作为文学作品本身，从曹雪芹先生身上感受出“经世致用”的学问来，是一次非常了不起的创新。

在企业管理实践过程中，绩效的考核往往是对单独的个体进行制度设计的“承包制”。在现实操作过程中，绩效的合理性与有效性是激发企业内部特别是基层人员最有效的手段之一。有效合理的绩效考核制度，是需要顶层进行精心设计的，因为这关乎企业的整体利益。

兵法云：“令民与上同意也，故可以与之死，可以与之生，而不畏危。”这说的就是利益激励作用。

而在实践操作过程中，顶层设计的问题是层出不穷的，绩效考核产生了负面效益，尽管这不可避免，但是当负面效益大于正面效益的时候，这个绩效考核制度无疑是失败的。古人讲“使之以权，动之以利”，现代企业中讲“责、权、利”，三者是相统一的。

出于自私的原因，在绩效设计上，总是出现“责”尽量往基层走，“权”和“利”尽量往高层走的情况。这样，就出现了“两张皮”的情况。揽功诿过成了常态，企业发展纵有一时之力，却难以为继，这是一个不得不面对的残酷现实。

许多有机会发展得更好的企业，就是因为一次次错过了改革发展的机会而中道而折，这不得不令人深思。

一个企业运行久了，一个制度、一个机制的活力就释放完了，特别是随着时间的推移和企业规模化膨胀，若是继续这样运行下去，就会出现弊端，必须用拥有不同思维的职业经理人来触动管理干部，而空降的职业经理人在实践中往往会造成一些负面现象。

在现实中，决策者为了使企业更正规发展，往往从其他相似企业聘请高一级别的职业经理人担任某项目负责人。如果这些空降干部能够处理好“内耗”与尴尬问题，就可以继续在这个高位做下去，垄断其他人的提拔机会。这个空降干部往往希望在短时间内出成绩。这有两个方面原因：一个是决策者要证明这是有效、英明的决策，所以需要在较短时间内出成绩；另一个是，职场上的人特别是空降的职业经理人，只有在短时间内出成绩，才能显示个人能力。他们往往会采用专断、一言堂的方式或强势的手段来推行管理要求。这样做的结果是，短时间内会形成上层职业经理人和基层的激烈矛盾。

负面、“内耗”的氛围就会在这样的条件下形成对峙，其他人如果想升职，就只能让改革者失败，才有可能让基层的职业经理人上位。内部很多事情开始打折扣地执行，开始不执行正确的决策，开始放大执行错误的决策，开始“内耗”，结果就是执行改革的职业经理人四处碰壁，决策者心理受到打击。没有共同核心利益的改革，往往会以改革或者推动企业活力的职业经理人的离开而告终，在实际管理实践中有不少这样的案例。这样的氛围会扼杀一个优秀的职业经理人，也使企业少了一次转型、升级的机会。

探春施行承包制，一直是《红楼梦》中有智慧且在施行的好事情。这个大观园的小承包，是在大观园时下进行的，是一件利好的事情。但是，宁府、荣府的庄园经济是以代管理的形式进行的承包式经营。贾珍给乌进孝讲，“真的别叫过年了。给我大擂台来了”。“法久则弊生”，任何条例制度，施行得久后，各种钻空子的人就会来。乌进孝给宁国府交上来的成果一年比一年少，是真的收成不好，还是什么原因？

承包制的经营方式，往往是为了打破“大锅饭”的模式，是在提高个体积极性的条件下产生并发挥作用的。在企业管理中，分项目经营还是整合资源，都是依据外部形势发展和内部经营储备而决定的。没有绝对的好，也没有绝对的不好。“水无常势，兵无常形”，在市场经济条件下，以企业经营盈利为目的的方式，就是好的方式。（第五十三回《宁国府除夕祭宗祠　荣国府元宵开夜宴》）

第六篇

贾政篇：迂腐的当家人

第一章

贾政其人

贾府就是“贾不假，白玉为堂金作马”的后人。贾政是荣国公之后，贾代善的次子，自幼酷爱读书，为员外郎。贾政在《红楼梦》中，是荣国府的长辈核心之一。虽然长子是贾赦，但是贾政更受到母亲的偏爱。他虽然有先祖之风，能顺利地应对官场上一些日常事务，且礼贤下士，颇好与读书人交往，但是具体到日常家政事务，也就是处理起俗务，确实不是那么高明。

第六篇
贾政篇：迂腐的当家人

第二章

贾政家务政务五则

第一节
怒打宝玉——听信谗言

王夫人打了金钏儿，金钏儿投井自杀。而此时，贾政正在被忠肃王府的长史追问，并要通过宝玉来找到琪官，也就是蒋玉菡的下落。贾政对于宝玉不喜欢读书而与戏子往来已经不满，对宝玉与戏子互换汗巾更是来气。贾环借机向贾政进谗言，说宝玉想强暴家里的丫鬟，丫鬟不从，于是投井自杀。这时，贾政怒从心中起，将宝玉捆绑，动用家法，将其暴打。后来，王夫人拼死阻拦，贾母出面，才将事情平息。

因为宝玉在家里受到的宠爱与贾环有很大差别，除了嫡出与庶出的区别，宝玉的相貌也与贾环的相貌有很大差异，就连贾政也是对宝玉另眼相看的。更重要的是，宝玉与园子里的众姊妹包括下人都相处得好；贾环则不同，为了要钱，竟然同丫头要赖。加上贾母特别疼爱宝玉（唯有宝玉长得像祖父），宝玉在家里受到特别关爱，大家宠爱的天平完全偏向宝玉一方。嫉妒，已经使得贾环推倒过蜡烛油，烧过宝玉的脸上。还有赵姨娘买邪作祟。宝玉可是爱集一身，妒集一身。贾环完全是想挑起父亲的怒火。而贾政也不明就里，连问都不问，也不调查，直接就说要打死宝玉；而且看着家人打，他也不解气，要亲自动手打，这就造成一次家庭冲突。虽然贾政对宝玉爱之切，但是，他的方法不可取。所谓“兼听则明，偏听则暗”，真是至理名言。（第二十五回《魇魔法叔嫂逢五鬼　通灵玉蒙蔽遇双真》、第三十三回《手足眈眈小动唇舌　不肖种种大承笞挞》）

第二节
李十儿作祟——无力扭转

贾政外放了江西粮道官吏，后来，他在外任上，在担任地方官员的实践操作中，第一次具体执行他眼中的“俗务”，就更加显示这位荣国府二老爷的迂腐与无能。尽管他是清廉的，但他依然是无能的。他被家中外放的奴仆、管大门的家人李十儿及一干人等架空，这些人背着他在外面狐假虎威，为非作歹。他只是说“我是要保性命的，你们闹出来与我不相干”。到最后，众人说：“我们虽没见实据，只听得外头人说你在粮道任上，怎么叫门上家人要钱。”

王夫人说出了跟贾政去的仆人的状况。“自从你二叔放了外任，并没有一个钱拿回来，把家里的倒掏摸了好些去了。你瞧那些跟老爷去的人，他男人在外头不多几时，那些小老婆子们都金头银面的妆扮起来了，可不是在外头瞒着老爷弄钱?”

这就是迂腐的效应，在他本人来看，严格要求下面的人处理问题，是为了减少腐败。这样严格要求的结果，就是制造更大的紧张，也增加了腐败或实际操作的空间和可能。

就像现实中腐败的官员一样，他们冠冕堂皇地发表严格抓要求、严肃处理违法违纪问题的讲话，并不是真正为了预防问题发生，而是给贪腐、自己的贿赂找到实际操作空间。当然，这是有意而为之，不是意料之外。（第一百零三回《施毒计金桂自焚身　昧真禅雨村空遇旧》、第九十九回《守官箴恶奴同破例　阅邸报老舅自担惊》）

第三节
错谴包勇——以忠勇为懒惰

江南的甄家因家庭遭遇变故，而推荐包勇到贾府来谋生。包勇是个“义仆”。在承袭荣国公职之后，贾政虽然“赏还府第园子，但是家计萧条，入不敷出”。家人欺瞒主人，包勇不肯跟随他们，而是继续真心真意地办事情。这些家人反而在贾政面前说他坏话，说他“终日贪杯生事”，并在贾琏面前告状。贾政并没有驱逐包勇，而是抱着“多一个人吃饭而已”的想法，留下了包勇。包勇在酒后上街闲逛时，听到了贾雨村与贾府的事情，恰好遇到了贾雨村的轿子，于是骂了贾雨村。荣府之人将此事报给了贾政。贾政便一时生气，叫包勇进来骂了几句。另外派他去看园子了。

从处理包勇的事情来看，贾政是宽厚的，众人怂恿他赶走包勇，他只是说“多一个人的饭而已”，要养着。而包勇酒后责骂雨村，贾政申斥，却是为了避祸，怕再起风波，因为贾雨村已经有实权，且已经在自己的对立面。

包勇此类人，在生活中、职场上都能遇到。直性子，不拐弯，忠于职守，不从众，且不容易同周围的人打成一片。通俗地讲，这种人跟大家很难搞好关系。

在负面思想作怪下，这样的人的可贵之处就显得尤其重要。他不见风使舵，也不落井下石，而是忠于职责。但是，他的忠于职责，妨碍了其他家人的虚假和欺瞒，于是有自立门户之嫌。这样的人难免受到众人的攻击。所幸的是，贾政虽然昏聩，但也不完全是恶毒的。

事后，包勇在看园子时也显示出其忠义。贾瑞的干儿子带头在贾府肆意盗窃时，与包勇打斗，包勇把他打死，并惊走了盗贼，保护了贾府的部分财产。（第一百零七回《散余资贾母明大义　复世职政老沐天恩》）

第四节
再救薛蟠——手段迂腐

薛蟠再次伤人，将人打死。薛姨妈托王夫人，王夫人托贾政，而贾政只说情，不肯提及钱物，处理杀人命案如此被动。而薛姨妈知道这样不行，求凤姐和贾琏花了几千两银子，才把知县买通，后面才有了知县妄断案件，以薛蟠失手误伤为结论。

士人（知识分子）处事之短处，在于用自身修养的道德规范来适应人情世故中的价值观。说得通俗点，就是用自己的情操观来配合世人的利益观。

任何普通人，在面对生活、生产的压力时，对物质利益的追求都是远远大于道德情操需要的。因此，在他的人生中，他在京里感到事事顺手，一到地方实务上则处处受阻。（第八十六回《受私贿老官翻案牍　寄闲情淑女解琴书》）

第五节
宝玉练习骑射——以腐化为能事

宫里的老太妃薨了后，按照礼制，一定品爵的人家要有守丧之礼，而贾府正是其中之一，不得观优闻乐作遣。

贾珍随即想了个解闷之法，请了各世家子弟、富贵亲友比试射技和武艺，与贾府联络的纨绔子弟们聚赌为乐，庖厨佳肴，斗鸡走狗，问柳评花的，不亦乐乎。

而贾政不知就里，反而说这是正理，命贾环、贾琮、宝玉、贾兰饭后过来，也要让他们习射一回，方能回去。还说“文既误矣，武事当该习，况在武音之属”。

而尤氏隔着窗户听到里面全是喝酒、猜拳甚至胡言乱语，疑惑道：“这样也要学？”

贾政不了解情况，昏聩如此！

第六篇
贾政篇：迂腐的当家人

第三章

贾政昏聩的思考

以上五个事例，说明贾政在处理事务和理家过程中是比较昏聩的，他的道德仁厚是另外一回事。他的昏聩尤其体现在处理李十儿作祟的问题上，这证明他不是一个合格的官员，也不是一个合格的上司。一个看门的人，竟然把一个粮道玩得团团转。贾政后来还被朝中参了，免了职。这不就是让下属“给卖了还帮着数钱吗”？

他的昏聩还在于，他是知道粮道上的为非作歹的，并且知道可能要坏事情。对此，他不仅没有办法制止，而且还依靠他们把事务完成。这是多么可悲的事。所以他才被节度使参了，因失察属员，重征粮米，而被请旨革职。

在实际情况中，在上下级或者老板与管理者的“二元”关系中，确实也存在不少这样的事例。被下级欺骗，还全然不知。在管理中会遇到，在经营上，带有投资人性质的老板和专业的管理人员也经常遇到这样的事情。

上司是个好上司，但用人不当。

评判是否是一个好领导，不是以用人好不好来评判，而是需要用他的管理结果来评判。

现实生活中有这样的事实。贾政的昏聩可以给人敲响警钟，而贾政与他庶出女儿探春比较起来，有着明显差距，至于是什么差距，则留给人思考。

第七篇

宝钗篇：全能型高参

第一章

后来居上的亲戚

薛家是金陵门宦之家，“丰年好大雪，珍珠如土金如铁”，紫薇舍人，薛公之后，现领内府帑银行商，共八房分。薛宝钗乃是薛公之后，母亲与贾政之妻王夫人是姊妹，舅舅是京营节度使王子腾。

薛宝钗从前读书识字，比其兄薛蟠高过十倍。她父亲死后，哥哥不能体谅母亲，她不再以读书为事，只留心女工家计，好替母亲分忧。

因为要备选公主郡主入学陪侍，而来到京都，暂时住在了荣国府梨香院。

第七篇
宝钗篇：全能型高参

第二章

宝钗知识的全面性

第一节
书画知识

贾母同众人游大观园，见园内的景色优美，便叫惜春画下来。李纨请诗社的姐妹到稻香村，说给惜春一个月的假，要画出大观园的山水景色、亭台楼榭。宝钗的绘画知识丰富，因而比较能理解惜春的绘画思路，对她如何更好地绘画出山水、楼阁、远近、大小、人物及其构图排布等有独到的见解。特别是宝玉说了用家里的雪浪纸后，宝钗根据需要的绘画效果，说了要用矾绢才能把效果发挥到最大化。

宝钗说的画器，惜春处也没有那么多，只有另买回来。宝钗就开出单子，从排笔的大小、数量，到颜料的分类、碗钵多少等，都让宝玉记录下来。宝钗直言“要去买这些回来，才能做好画”。可见，宝钗对绘画知识了解得很全面。不仅如此，她更是注重细节，绘画用的碗碟，要用生姜汁和酱汁涂抹后烘烤，以防炸裂。由此，宝钗绘画的知识、细节可见一斑。（第四十二回《蘅芜君兰言解疑癖　潇湘子雅谑补余香》）

第二节
社会生活知识

邢岫烟和宝钗不约而同来看黛玉，二人在半路相遇。宝钗看到岫烟身上的衣服单薄，便询问了情况。给人以尊严和尊重，邢姑娘因为钱不够，就把棉衣当了几吊钱盘缠，而当票被史湘云捡到后，宝钗收起（岫烟的丫头篆儿递给了莺儿，莺儿夹在书里）。

衣服当进了宝钗家的当铺，宝钗悄悄地让人取了回来。同时，因为邢岫烟是薛蝌未婚妻，岫烟缺少什么，就找宝钗帮忙置办。对于此，宝钗对穷苦一点但是有一定才华的这个“准弟媳”是比较照顾的，这也是宝钗在园子里招人喜欢的一个重要理由。（第五十七回《慧紫鹃情辞试莽玉　慈姨妈爱语慰痴颦》）

第三节
药材行业知识

宝钗说：“如今外头卖的人参都没有好的。虽有一枝全的，他们也必截做两三段，镶嵌上芦泡须枝，掺匀了好卖，看不得粗细。”首先，宝钗对药材行业认识得很全面，知道假货多，并且知道是如何做假的。在皇商家里长大的宝钗确实比别人了解行情。（第七十七回《俏丫鬟抱屈夭风流　美优伶斩情归水月》）

第四节
诗歌知识

刘姥姥来时，贾母在大观园里宴请大家。鸳鸯行酒令，轮到林黛玉时，黛玉先读出“良辰美景奈何天”，接着读出“纱窗也没有红娘报”，不料被宝钗看了一眼。刘姥姥走后，第二天，宝钗找到林黛玉，到了蘅芜苑，说“你跪下，我要审你”。宝钗说：“你是不出闺门的千金小姐，昨儿行酒令你说的什么？”

黛玉这才想起来，当时行酒令一着急，便把《牡丹亭》《西厢记》说了两句。这是茗烟给宝玉从外面偷偷带进来的书，黛玉在同宝玉一起阅读时记下了句子。而被宝钗一听，就听出句子出自哪里，可见，宝钗的阅读面是比较广的。（第四十二回《蘅芜君兰言解疑癖　潇湘子雅谑补余香》）

第五节
医学知识

薛姨妈被儿媳妇金桂气得“肝气上逆，左胁作痛”。宝钗不等着请医生来看，先叫人去买了几钱钩藤来，浓浓地煎了一碗，给她母亲吃了，又和秋菱（香菱）捶腿揉胸的。停了一会，薛姨妈就觉得安心了一些。

钩藤这味中药，归肝经和心包经，有清热平肝、息风定惊的功效。首先是选药；然后是匆忙之际买了几钱，也就是说对用量有把握；然后就是“捶腿揉胸”。中医上讲的“肝火上逆”，足厥阴经肝经，起于足背，由脚走向身；手厥阴心包经，起于胸中，由心包络走向手。“捶腿揉胸”起到了按摩的作用。

宝钗遇事不慌乱，反而处理有章法，此之一。（第八十四回《试文字宝玉始提亲　探惊风贾环重结怨》

第三章

宝钗分享礼物给众人

——维持融洽的关系

薛蟠被柳湘莲打了一顿后，便去了南方办货，给宝钗带回些当地的小玩意，“是些笔、墨、纸、砚、各色笺纸、香袋、香珠、扇子、扇坠、花粉、胭脂等物；外有虎丘带来的自行人、酒令儿，水银灌的打筋斗小小子、沙子灯，一出一出的泥人儿的戏，用青纱罩的匣子装着”，还叫莺儿带着几个老婆子将这些东西连箱子送到园里去。

宝钗将这些土特产，“除了自己留用之外，一分一分配合妥当，也有送笔墨纸砚的，也有送香袋扇子香坠的，也有送脂粉头油的，有单送顽意儿的。只有黛玉的比别人不同，且又加厚了一倍”。一一打点完毕后，她使莺儿同着一个老婆子，将礼物分别送往各处。

宝钗客居在贾府，人际交往需要一定介质，人情往来本是常事。即使没有礼物，经常性“走动”也非常重要。好东西要分享，指的就是分享共同的快乐。（第六十七回《见土仪颦卿思故里　闻秘事凤姐讯家童》）

第四章

助人解难
——搭桥过河，借东风做东

大观园中起了诗社，第一社是海棠社，但是忘记了请史湘云入社。补请了史湘云来后，湘云主动提出明天罚她做一次东。在蘅芜苑与宝钗商量各项细节时，以当下史湘云的月钱，宝钗提出做东的酒席钱是不够的。为了给史湘云解围，宝钗提出，请老太太在园子里赏桂花、吃螃蟹，顺带把史湘云做东的事情也带过去了。而且螃蟹还是薛家当铺里的伙计家送给薛姨妈用度的，直接可以拿来请客。这样既满足了诗社的用度，也化解了史湘云的尴尬。

宝钗在处理这件事情时，是了解好史湘云的用度开支的，也知道这园子里的人一半是喜欢吃螃蟹，所以，她提出了比较好的办法，帮史湘云把这个“自罚”的东做了过去。宝钗的急中生智，可见一斑！

湘云的月钱不多，而且她是天性豪爽之人，难免会出现捉襟见肘之时，特别是在大观园里请客做东的话。帮人解难，是宝钗在大观园里经常做的事。上至王夫人，下至丫头婆子，她都帮助过解难。要说现实前提条件的话，可能因为宝钗家里是皇商，家里有钱才这样。比如，她的哥哥薛蟠抢香菱是这样，给秦可卿用的棺木送给宁国府贾赦也是这样。家里有钱，才能出手大方。而实践和生活告诉我们，吝啬或大方，与家境情况关系不大；知心可人或面目狰狞，与人的血缘关系也不大。（第三十七回《秋爽斋偶结海棠社　蘅芜苑夜拟菊花题》）

第五章

思想工作的高手

——沟通显示力量

第一节

众人之事——承包大观园的思想动员

在探春和平儿宣布大观园的承包方案后，众人齐声答应，而宝钗对此也进行了锦上添花式的动员。宝钗笑道：“妈妈们也别推辞了，这原是分内应当的。你们只要日夜辛苦些，别躲懒纵放人吃酒赌钱就是了。不然，我也不该管这事。你们一般听见，姨娘亲口嘱托我三五回，说大奶奶如今不得闲儿，别的姑娘又小，托我照看照看。我若不依，分明是叫姨娘操心。你们奶奶又多病多痛，家务也忙。我原是个闲人，便是个街坊邻居，也要帮着些，何况亲姨娘托我。我免不得去小就大，讲不起众人嫌我。倘若我只顾了小分沽名钓誉，那时酒醉赌博生出事来，怎么见姨娘？你们那时后悔也迟了，就连你们素日的老脸也都丢了。这些姑娘小姐，这么一所大花园，都是你们照看，皆因看得你们是三四代的老妈妈，最是循规遵矩，原该大家齐心，顾些体统。你们反纵放别人任意吃酒赌博，姨娘听见了，教训一场犹可，倘若被那几个管家娘子听见了，他们也不用回姨娘，竟教导你们一番。你们这年老的反受了年小的教训。虽是他们是管家，管得着你们，何如自己存些体统，他们如何来的作践。所以我如今替你们想出这个额外的进益来，也为大家齐心把这园里周全的谨谨慎慎，使得那些有权执事的看见这般严肃谨慎，且不用他们操心，他们心里岂不敬伏。也不枉替你们筹画进益，既能夺她们之权，生你们之利，岂不能行无为之治，分他们之忧。你们去细细想想这话。”家人都欢声鼎沸说：“姑娘说的很是。从此姑娘奶奶只管放心，姑娘奶奶这样疼顾我们，我们再要不体上情，天地也不容了。”

宝钗是个外来的亲戚，她在家里操心家务，都是惹人讨嫌的。所以，宝钗思想动员就显示出了高超的技巧。

首先，说明了授权。是王夫人也就是宝钗的姨娘说了很多次，她才答应帮忙照看家务的，这样就让她的操心有了依据。大奶奶（李纨）不得闲，当家的奶奶（王熙凤）生病，其他姑娘（迎春、探春、惜春）年纪尚小，才请她这个闲人帮忙。就是街坊邻居也要帮忙的，何况是受姨娘所托。这样，给其他人以说法。

其次，强调了老妈妈们的本职工作。看护园子、修花草是三四代人的事情了，技术上没有难度，但也指出了底线，就是“老妈妈们不能纵容赌博喝酒，不然老脸就没有了”。

最后，指明了目的是要给“老妈妈们增加进益”，在园子里生出的东西，并会分给大家，这是有利可图的，需要好好珍惜。

在谈笑间，宝钗就把探春承包改革大观园以增加收入的事情比较顺利地沟通和宣传到位了。这样的结果是每个人都欢喜的，因而是一个非常好的动员令。

“幸于始者怠于终，缮其辞者嗜其利”，调动积极性，宝钗出的主意是比较好的，这也是思想工作的典范。

使思想动员效果与利益挂钩，是改变行动的好方法。在现实生活中，利益刺激人去行动，人们只有心里明确知道这可能获得某种利益，才会去行动；如果没有利益，就很难刺激行动。不要指望没有利益的事情通过思想工作来实现，一次两次可以，长期下去就很难奏效了。（第五十六回《敏探春兴利除宿弊　贤宝钗小惠全大体》）

第二节
谈心到深入——孤僻的人也要找对方法

众所周知，黛玉是非常难跟常人沟通相处的，这不仅是因为她孤僻，更是她的清高、才气与性情的缘故。宝钗能让黛玉交心，是非常有才情才可以做到的。那么宝钗是如何做到的呢？如果说在大观园里与众人谈话是群体的谈话，那么与黛玉的沟通则是交心的谈话。宝钗有哪些高明之处？这些高明之处能给我们带来了什么样的思考呢？

第七篇
宝钗篇：全能型高参

“黛玉每岁至春分秋分之后，必犯嗽疾”，今秋遇到贾母高兴，多玩了两次，又咳嗽起来，比往年要重。黛玉弱不禁风的身体状况乃贾府中人人皆知的，所以，礼数有所不周，大家也不苛求。

宝钗先是道：“这里走的几个太医虽都还好，只是你吃他们的药总不见效，不如再请一个高明的人来瞧一瞧，治好了岂不好？每年间闹一春一夏，又不老又不小，成什么？不是个常法。”黛玉道：“不中用。我知道我这样病是不能好的了。且别说病，只论好的日子我是怎么形景，就可知了。”先从病说起来，最后宝钗建议以平肝健胃为要，并提出了具体的方子：“每日早起拿上等的燕窝一两，冰糖五钱，用银铫子熬出粥来，若吃惯了，比药还强，最是滋阴补气的。”

黛玉则不然，叹道：“你素日待人，固然是极好的，然我最是个多心的人，只当你心里藏奸。从前日你说看杂书不好，又劝我那些好话，竟大感激你。往日竟是我错了，实在误到如今。”黛玉是多么心高气傲，竟然说出这样的话。

这里面有一个铺垫，就是宝钗劝黛玉读书一事。黛玉无意中在宴会上说出了《西厢记》里面的词。宝钗发现后，着实因为读书的问题与黛玉谈过一次心，因此黛玉对宝钗已经有一定的认识。此次，黛玉说出了这样的话，是从心底说出的。

黛玉因为吃燕窝一事而说道自己是寄人篱下的，不敢再新添麻烦，不能同宝钗相比，而宝钗则说出自己的苦恼。二人用平等心相待，宝钗说第二天送燕窝给黛玉，让丫头熬粥，并不用兴师动众的。

既是承诺，也要可以做到的。

一个团队中，并不是所有人都合群，有个性也是非常正常的。如何令有个性的人的工作做得与大家一致，最大化发挥团队作用，则往往需要从少数人入手。大多数人在一个方向上时，把个性融入团队当中，发挥团体效用的最大化。要想在思想上、工作上做到高效沟通并达到目的，就需要主动沟通者秉着诚恳的态度，运用沟通技巧，与被动沟通者交流。（第四十五回《金兰契互剖金兰语　风雨夕闷制风雨词》）

第六章

摆正位置

——客居之时规避利害冲突

大观园里的花花草草被承包后，怡红院的花草也被单独分出来承包。但是花草不同于其他物品，是要找会养护的人来处理的。宝钗的丫头、莺儿的娘就会打理这些。花草被承包之后，花草卖掉后也能分到些钱财。但是，宝钗反对由莺儿的娘来打理。

宝钗反对的主要原因是，莺儿是宝钗带来的丫头，是住在荣国府的亲戚，而贾府中的众多婆子好不容易才等到一个可以增加收入的机会，如果把这美差事给了亲戚，就与荣国府下人的利益起冲突，也是把人家这么多年的努力否决了。因此不能把这差事交给莺儿的娘，以避免亲戚参与改革分利。宝钗以公正为上，把怡红院的花草交给老叶妈也就是茗烟的娘料理。这可以说是处理得非常妥当的，因为这样做，就从设计层面规避了利害冲突，也处理好了利益分配，因而赢得了大家的拥护。

现实生活中，在面对利害冲突时，在一些比较差劲的企业里，有好处是先由有关系的人获得；有了困难，则轮到没有关系的人去解决。这样的处理方案，大大打击大家的积极性，大家对这样的做法都憎恨，但又不得不接受现实。这样的企业往往是一潭死水，没有活力。

第七章

善良到底

——对恶人也给予仁心关怀

贾母去世后，在铁槛寺送殡。赵姨娘被鸳鸯附体，像中了邪似的，满口胡说救不过来。宝钗仁厚，想着赵姨娘虽然害过宝玉，但心里还是过不去，便托周姨娘照顾赵姨娘。可见，其大度如此。

人难免有善恶之举，善固然可敬，恶自然可憎。好人自然有好报，恶人自然有恶果。赵姨娘在贾府可谓“讨厌鬼”加“毒妇”的典型。虽然赵姨娘是自取灭亡的，但她发病时，宝钗仍然是设法照顾的。（第一百一十二回《活冤孽妙尼遭大劫　死雠仇赵妾赴冥曹》）

第八章

处事及时

——关键时候及时出现

宝钗在荣国府中是“客居”，一般来说不应介入生活琐事的管理。但是在荣国府中，宝钗总是在一定范围内及时出现，帮助解决问题。

比如，金钏跳井之后，由于要丧葬，去世的人穿的衣服没有新的适合的，而要另外做就来不及。林黛玉有新做的衣服，但是林黛玉是比较忌讳的。在王夫人为难之时，宝钗主动提出把自己新做的两套衣服给金钏，她不忌讳这些。

再比如，中秋过后，凤姐的病比以前大好，可以出入走动。大夫开了调经养荣丸，要用到上等人参二两，可是王夫人派人翻寻了几支都不好。凤姐处只有参膏芦须，还要煎药用。到邢夫人处去找，也早用完了。到贾母处去找，虽然有手指头粗的，但是放置年限已久，也成朽糟烂木了。王夫人只能安排周瑞家的出外买二两来。这时，宝钗通过自己家铺子里同参行里交易的熟悉渠道，买到了好的人参，用来熬药。

另外，宝玉挨打之后，棒疮药也是宝钗及时送到怡红院并给袭人的，要用酒研开，把瘀血的热毒散开。

宝钗总是在关键时候及时出来解难，这是非常难得的。无论面对什么困难，她都能在关键时候帮到人，这是自我价值最好的体现。

第九章

向最高领导看齐
——不是讨好而是效果最大化

宝钗在贾府过第一个生日时，贾母喜欢她稳重和平，便自掏腰包拿了二十两银子出来，给王熙凤置酒过生日。王熙凤只是讨巧说笑，就要安排办理。贾母先问宝钗爱听何戏，爱吃何物。宝钗这时候不是按照自己的个性来，而是按照贾母喜欢热闹戏文并好吃甜烂食物来，因此，贾母更加欢悦。

这是高情商的表现。此外，宝钗点戏文点《西游记》，接着王熙凤点《刘二当衣》，这两部都是热闹的戏。看起来，大家都在讨好贾母，可是细想一下，贾母在最尊位，那么，向贾母看齐也是正常的。（第二十二回《听曲文宝玉悟禅机　制灯谜贾政悲谶语》）

第八篇

袭人篇：基层工作的优秀代表

第一章

人见人说好的花姑娘

袭人本姓花，本名珍珠。小时候，因为家境贫寒，日子过不下去而被卖到了荣国府，当了丫头。她侍候过史湘云，也侍候过贾母。贾母溺爱宝玉，担心宝玉身边的婢女不能竭力尽忠，而贾母喜欢她“心地纯良，克尽职任”，所以指定她到了宝玉房里。

宝玉淘气，因为有“花气袭人知昼暖”之诗句，所以把“珍珠”改成了“袭人”。

家里有母亲在，有哥哥花自芳在。

第八篇
袭人篇：基层工作的优秀代表

第二章

袭人的痴处
——态度决定一切

却说袭人倒有些痴处：“服侍贾母时，心中只有贾母；如今跟了宝玉，心中又只有宝玉了。”

工作态度很重要，一个人在自己本职岗位上的态度，通常是衡量一个人工作状态的主要指标。今天讲“态度决定一切”，就是对工作行为倾向性的最好理解。没有好的工作态度，就很难有好的工作结果。

第三章

袭人的工作细致与到位

第一节
对玉的保管——重中之重

宝玉是含着玉出生的，“玉”就是宝玉的命根子，是全家上下关注的重中之重。而袭人每天要做的，就是在睡觉前把宝玉的玉取下来，包起来，放在枕头底下。既是保管，也是不让第二天戴着的时候冰到宝玉，要让宝玉戴上的时候是感到温暖的。

这是袭人最主要的工作之一，但是这个工作必须天天认真落实。基层的人的工作主要是执行，抓好细节，落实到位。

第二节
缝鸳鸯肚兜——贴身的工作要到位

袭人给宝玉绣肚兜、“鸳鸯戏莲”，宝钗看了都夸“好鲜亮的活计”，这仅仅是袭人女工技能的一个体现。当然，在技术上可能比不了晴雯补雀裘衣，但可贵的是她的细心，她要确保宝玉晚上就算盖不严被子也不至于冻着。

宝玉仍然在成长的路上，包括生理成长和心理成长。袭人对宝玉的关心体贴是无微不至的，这是她的本职工作。把本职工作做到极致，把本分工作做到完美，是很多人做不得的。（第三十六回《绣鸳鸯梦兆绛云轩　识分定情悟梨香院》）

第三节
细节的落实——谨慎为本

宝玉因为在宁府中看戏没有意思，而要茗烟带着去袭人家里，袭人的家人惊喜之外，袭人更是惊喜异常。宝玉不敢乱吃东西，怕吃坏肚子，所以，招待宝玉是“将自己的坐褥拿了铺在一个炕上，宝玉坐了；用自己的脚炉垫了脚；将自己的手炉，焚上梅花香饼，放与宝玉怀内；将自己的茶杯斟了茶，送与宝玉”，就是为了干净卫生。宝玉要回去时，袭人请哥哥花自芳雇顶轿子，并请哥哥花自芳送回去。为的是不让人看见宝玉外出了，也是怕街上人挤车拥，马轿纷纷的，碰撞到宝玉，又是一场事端。从小事情中，能看到袭人的细心。（第十九回《情切切良宵花解语　意绵绵静日玉生香》）

第四节 遇到不解之事——调查的重要性

宝玉因为琪官之事，被贾政大打了一顿。王夫人跟贾政撕闹，而贾母更是以回娘家为威胁，指责贾政过分，因此闹得一家不得安宁。

但是，究竟为何而打，便不得而知。唯独袭人私下找茗烟来了解情况。通过调查，基本上了解情况，尽管薛蟠的信息有误导之嫌，但是基本还是可靠的。（第三十三回《手足眈眈小动唇舌　不肖种种大承笞挞》）

第五节 小事情能遮掩——容人之失

刘姥姥醉卧宝玉的床，袭人发现后，赶紧叫醒刘姥姥，并简单处理了宝玉的床的卫生状况，跟刘姥姥说，到时候她就说只是到外面石头上打了个盹，为刘姥姥遮掩。

宝玉的床是贾府中最尊贵的休息处之一，宝玉也素来喜欢女孩儿而排斥妇女。刘姥姥是乡下粗野的婆子，偏偏酒后睡在了宝玉的床上，此事非小。

在这样的情况下，袭人为刘姥姥撒谎，也是为自己免责。

“善意的谎言”也是工作中不可缺少的。

第六节
小事情看真情——小物件能舍得

借着宝玉过生日之际，大家都聚在一起狂欢一下，香菱也因此进园子来玩。小螺、香菱、芳官、蕊官、藕官、荳官等在草地上斗草时，荳官把香菱压在草地上玩，结果草地旁边的一汪积雨把香菱的半扇裙子弄湿了。而这裙子是宝琴带来的，石榴红香绫不经染。宝玉知道后，请袭人把自己的裙子给香菱换。袭人听后，取了裙子出来，寻到香菱给她换上，并且把香菱身上的脏裙子拿去，收拾好了再送回，担心香菱直接拿回去，又要问香菱怎么弄脏的。

香菱是与贾府没有任何血缘关系的小丫头，是在半路上被薛蟠抢来的。袭人在小事情上也能关照她一下，这是很温馨的一个举动。

第七节
与上级的沟通很重要——袭人拜望王熙凤

宝玉出去后，袭人自己做了一会活计。袭人突然想起来凤姐身上不好，这几日没有过去看看，正好贾琏不在家，所以就去看望，正好说说话。

进院子后，袭人偏偏碰到王熙凤知道贾琏偷娶尤二姐之事，正在家里发火。这时候进退两难，所以把脚步放重了些，隔着窗子问："平姐姐在家里呢么？"平儿忙答应着迎出来。袭人便问："二奶奶也在家里呢么，身上可大安了？"说着，已走进来。凤姐装着在床上歪着呢，见袭人进来，也笑着站起来，说："好些了，叫你惦着。怎么这几日不过我们这边坐坐？"袭人道："奶奶身上欠安，本该天天过来请安才是。但只怕奶奶身上不爽快，倒要静静儿的歇歇儿，我们来了，倒吵的奶奶烦。"凤姐笑道："烦是没的话。倒是宝兄弟屋里虽然人多，也就靠着你一个照看他，也实在的离不开。我常听见平儿告诉我，说你背地里还惦着我，常常问我。这就是你尽心了。"

王熙凤是家里的总掌舵人，家里的大小事情都是由她安排的。袭人看望王熙凤，一是感情上的沟通交流，二是顺便汇报工作。

在实际工作中也是如此，汇报是下级主动与上级沟通的主要方式，是信息交流的主要渠道。如果事事都等上级过问，那么上级发出的要求指令还要上级再跟进一遍，这个下属的工作态度和方式就

是有问题的。（第六十七回《见土仪颦卿思故里　闻秘事凤姐讯家童》）

第八节
协助的规劝工作——劝宝玉上进选对时机

贾宝玉不喜欢读科举文章，总认为那是“禄蠹”。当然，这是他性情所致，而家庭总是希望宝玉能继承家中基业。宝玉很是不听，袭人在宝玉去过她家之后，以自己要被赎出去来试探宝玉，并规劝宝玉依她两三件事情，如果依从了，到他日就是“刀搁在脖子上，我也是不出去的了”。

作为丫头以及未来的姨娘，袭人用自己的行为来规劝宝玉，这是附属性人物的常用办法。因为她没有其他可以让“主人”（上级）改变决定或者态度的方法，不可能是命令，更不能是要求，只能是协调性的规劝。（第十九回《情切切良宵花解语　意绵绵静日玉生香》）

第九节
与高层的汇报沟通——谦虚谨慎为要

小红是林之孝的女儿，经过传话一回后，王熙凤发现她可以培养，而把她放在宝玉的房里也没有特别大的出息。所以，就打算把小红要到自己房里去。凤姐先前给宝玉说时，宝玉答应了。但是，当天叫小红过去时，宝玉不在家。

袭人给宝玉讲：“二奶奶叫了红玉去了，他原来等着你来的，我想什么要紧，我就作了主，打发他去了。”宝玉说：“很是。我已知道了，不必等我罢了。”

袭人是宝玉房的大丫头，关于调动小红的事情，王熙凤已经知会过宝玉。但是袭人回来后，还是先小心谨慎地汇报，丝毫没有擅自做主的意思。同晴雯撵走坠儿相比，处理方式相差太大。

在宝玉房里，袭人完全能成为把事情定下来的“二把手”，但她还是这么谦虚谨慎。在一些人看来，可能不相信。“二把手”比“一把手”的权力还大，秘书比领导权力还大，助理比领导架子还大，都是败亡之道。不守规矩，迟早是要吃大亏的，而袭人的小心谨慎是值得学习的。（第二十八回《蒋玉菡情赠茜香罗　薛宝钗羞笼红麝串》）

第四章

袭人应对检查

——抓住重点

荣国府收到贾政的书信后，家里人便知道贾政要回家，并且知道贾政要检查宝玉的功课，所以劝宝玉好好把心收一收，免得挨贾政的训斥。宝玉算算时间，认为时间还早，不着急。袭人则提醒他，功课可以临时突击，但是练习的书法字在哪里呢？宝玉让袭人把写了收起来的字算了算，才五六十张，三四年的功夫才写了这么点。宝玉一听才着急，于是开始天天临帖练字，连给贾母请安都晚了。贾母知道后，让他只要读书写字，早晚的请安不用出来，连王夫人也着急了。

而宝钗、探春都临帖，给宝玉凑数，黛玉也写了小楷来。集体帮宝玉作假，贾母看见如此，喜欢万分。

临阵磨枪，不快也光。如果是阅读的功课，还说可以搪塞过去，但是书法临帖，确实属于硬性指标，三四年只写了五六十张是无论如何讲不过去的。袭人的细心，就表现在她抓住了关键，把最难作假的事情提前做好，以备贾政来检查。

“牵牛要牵牛鼻子”，就是说要抓住重点问题去应对。如果抓不住重点，盲目地平均用力，那么是不能有效做好事情的，其他工作也是如此。对于最不能做好的事情，往往要做最充分的准备。俗话说，“怕什么来什么”，就是计划事宜面对情况变化而应对不足的写照。（第七十回《林黛玉重建桃花社　史湘云偶填柳絮词》）

第五章

袭人受委屈

——责任与担当的开始

第一节
宝玉踢袭人——误会的结果

宝玉在暴雨中赶回怡红院，偏偏遇到平时不敢放开玩耍的丫头们把怡红院的出水沟堵上了，雨水积在院子里，把几种家禽缝上翅膀，在院子里追逐嬉闹。叩门而无人应答，只有袭人去开，以为是宝钗，结果宝玉把前几天的气撒在了一脚上，踢伤了袭人，袭人连夜里都疼出了声音。

主动承担任务却遭到伤害，这是袭人的不幸，也是许多主动做事的人常遇到的情况。做得多就错得多，错得多就受到伤害多。世情就是如此，不在古今。（第三十回《宝钗借扇机带双敲　龄官划蔷痴及局外》）

第二节
李奶妈骂袭人——怨恨的力量

宝玉的奶妈李嬷嬷，因为输了钱而到宝玉处去，恰巧碰到袭人生病没有起来亲近她，所以破口大骂袭人。宝玉听后进行了解释，但是李嬷嬷不听他解释，而是把琐事没完没了地絮絮叨叨，最后被王熙凤带去吃酒了事。

此时袭人明显是受到委屈的，但是哭着拉住宝玉，劝他不要再争吵，而是忍辱下去。李奶妈带过袭人等小丫头长大，而且她奶过宝玉，随着年龄的增长，慢慢地对小丫头们、长成大丫鬟的袭人有了很强的依赖性。宝玉早就把这个奶妈忘了，而且随着年龄的增长，慢慢地不待见她。所以，对宝玉最依赖的袭人，李奶妈就要找机会宣泄一番。（第二十回《王熙凤正言弹妒意　林黛玉俏语谑娇音》）

第三节
贾母批评——代人受过

宝玉与黛玉一起剪穗子的时候，因互相猜忌而闹腾，结果黛玉气得又吐又哭，宝玉气得发狠又砸玉。身边的婆子们怕黛玉和宝玉有什么闪失，于是主动承担责任，给贾母、王夫人报告了此事。后来发现，他们二人是因小事情而闹腾，宝玉身边的袭人、黛玉身边的紫鹃因此都遭到贾母批评，贾母认为是她们没有伺候好。然而，二人闹腾本来是宝玉和黛玉的性情所致，不是丫头们的问题，但丫头们还是受了批评。

在生活、工作中，无论遇到哪种委屈，都是职场人必经的过程。只有经受过委屈，才能锻炼出一定格局。没有不受委屈的工作，也没有不受委屈的生活。无论在古代还是现代，无论是生活还是工作，总会有受到不公平待遇的时候。这种不公正，可能是因为信息不透明，可能是处理的人有情绪偏差，也可能纯粹是误会。正确对待所受委屈，是生活工作中无法避免的。

那么受到委屈，具体该怎么面对？是逆来顺受还是有的放矢，是针锋相对还是有理有节地处理呢？这就考验我们的智慧了。有的人选择情绪释放过后，恢复冷静时再去沟通；有的人选择在事后解释；也有的人选择当面解释清楚。

在受到不同程度委屈的时候，袭人是按照双方地位的不同，选择了不同的处理方式。

面对贾母的批评指责，代人受过，只能“听”。在场面上不能争辩，特别是面对最高领导贾母，辩解和争辩都是不合时宜的。

面对李嬷嬷的指责，袭人也是拖着病身子起来，慢慢解释原因。面对宝玉无情的一脚，虽然是“又气又愧”，袭人还是承认了小丫头不开门，以致宝玉淋雨，是她平时放纵小丫头的结果。

委屈，落到她的身上，就转变成责任和担当。无论是哪个工作岗位，都需要这种责任和担当，领导岗位尤其如此，哪怕是领班的

工作岗位，都需要积极主动承担责任。（第二十九回《享福人福深还祷福　痴情女情重愈斟情》）

第六章

袭人进言王夫人

——站在领导的角度思考问题

袭人给王夫人进言，宝二爷真的该管一管，因为长大了，大观园里只有他一个男子。从王夫人的角度考虑，在宝玉挨打后，王夫人要一个人去回她话。在其他人走开的情况下，袭人单独同王夫人一起，王夫人问到了宝玉挨打的缘由。

此时，袭人却说出“论理，我们二爷也须得老爷教训两顿”的话来。听后，王夫人感动地说：“我的儿，亏了你也明白，这话和我的心一样。”

通常情况下，孩子被打了，做母亲的应该护着才对，对别人提的教训建议一般是听不下去的。偏偏袭人这句话得到了王夫人的认可，这又是为什么呢？因为宝玉在女孩子中间，确实厮混得不像样子。

更重要的是，袭人劝说王夫人，让宝玉搬出大观园，理由是宝玉已经长大成人，若仍在一堆女孩子中间，这样容易被人传谣言，玷污宝玉以后的清白，耽误宝玉的前程，这是从贾府的长远利益出发考虑的。

王夫人做出“我自然不辜负你”的口头承诺，随即调整月例银子，这简直就是预支的股份。

袭人能得到这样的认可，是因为她站在了王夫人甚至贾府的角度来考虑问题，把宝玉的前程和贾府的前途联系起来。

一个优秀职场人的基本要求是，立足岗位，做好本职工作。事实上，这些道理人人都懂，但往往不一定做得好。一个不断付出努力的人，终究是会有好结果的。例如，在职场上，一个人先努力做好本职工作，同时不断地进行自我提升，了解其他环节的工作流程，这样，日后就算他被调到新的岗位，也能胜任新的工作内容，这样的话，他们就会有好的结果。

从袭人的事例中，我们应该反思的是，自己在本职岗位上能不能做好，又能不能在新岗位上胜任新的工作，达到新的要求。

在实际工作中，我们见过不少人，他们只能胜任一个岗位的工作，转到其他工作岗位后就胜任不了。甚至在条件不断变化的情况下，他们连原有岗位的工作也胜任不了，这样，他们反而成为企业发展的阻力。如果不能进行自我提升，就只能面对被改革的命运。在企业向前发展的过程中，如果不能革掉阻碍公司发展的职员，那么这个公司的活力和创造性就会急剧下降，甚至充满负能量。

袭人能够得到好结果的故事还蕴含着深刻的道理：无论在职场上还是在生活中，都要准备好接受不理想的结果。人付出努力，不一定都能达成理想的目标。在心态上，应懂得降低对实现目标的期望，就算结果不太满意，也能坦然接受。（第三十四回《情中情因情感妹妹　错里错以错劝哥哥》）

第七章

平台成就自己也限制自己

——跳出平台也许会成就自己

袭人是基层工作中的优秀代表，在基层是如鱼得水的。然而，如果与宝玉的家庭联系起来，是无法达到理家目的的，如同以前王熙凤那样。只有宝钗能达到荣国府理家的效果。这不仅与基础能力相关，更多的是视野、人情世故的问题，并与娘家的背景相关。

例如，娇杏嫁给贾雨村后，很快就被扶成了正室，而荣国府的赵姨娘、周姨娘不会有这样的机会。袭人的成功不在于她在荣国府的地位，作为一个被买进来的丫头，她能在这个家庭中做到准姨娘，已经是很难得了。后来，她又嫁给了蒋玉菡，成为正室，有了理家的可能。

在职业生涯中，职业经理人在大型企业特别是家族企业中，无论多么优秀，也只不过是在职业经理人或者可以分红的职业经理人的岗位上做，不可能做到老板，因为职业结构限制了职业经理人的发展。只有自己操盘，自己创业，才能闯出自己的一片天地。

袭人是一个把自己职业做到极致的人，而恰巧命运无常。她被推出了荣国府姨娘的地位，谁曾想，这实际上给了她另一个平台，一个可以让她展现自己的平台。尽管这个平台比较小，但是只要跳了出来，就是给了自己一个机会。

在市场经济发达的条件下，企业的兼并、融合非常迅速，特别是大型公司的企业股权交易、企业的整合重组等，不是以某个人、某些人的能力来决定的，而是以资本形式来决定的。这就意味着，个人能力在企业中的作用会被稀释得更加小。

诸如设备的自动化程度、管理的合理化程度、专业团队的参与程度等，都能促使一个企业有效运行。决定这些的，更多是资本力量，不是个人技能、态度或理想。平台成就自己，往往也限制自己，走出来或许会是一个更好的平台。当然，也有风险。

袭人的嫁出是因为宝玉的出家，她生无可恋，于是嫁给了小康之家的蒋玉菡。她的嫁出，不同于探春的远嫁。袭人是底层丫头，自然有向上发展的追求，但这没有超出自身很高的预期。她在底层生活的不断努力，使她找到更好的家庭归宿。毕竟之前同在一起的金钏、晴雯、司棋、鸳鸯都死了。

袭人的归宿，给普通人最大的提示是：在自己的生活范围内，尽可能追求更好的生活和目标。但是，也要学会接受并积极面对现实，面对哪怕不是理想中的现实，接受平凡的人生。

第八章

袭人最大的优点

——接受突变的生活韧性

袭人最大的优点，就是能接受和积极面对挫折与突变，就算功败垂成时，也能接受失败。

袭人是宝玉的准姨娘，就连林黛玉这样感情专一并对宝钗处处留心的人也称袭人为“嫂子”，而不是简单地开玩笑。岂知在宝玉疯傻又走失后，袭人的嫂子来介绍她外嫁他人。

袭人不仅有委身于宝玉的事实，也得到了姨娘的例银。同时，在袭人母亲病重回家时，王熙凤的安排也体现出贾府的态度。不仅如此，袭人的母亲第一次接袭人回去时，宝玉就同茗烟去袭人家看望袭人，花自芳和他的母亲看宝玉这样离不开袭人，也就断了将袭人赎回家去的念想。再加上她同宝玉的妻子宝钗是可以共处的。这些给了袭人一个事实上的姨娘的身份。

谁料想到，宝玉考试后走失，而袭人的身份又还没有公之于众，只放在屋里，所以只好选择外嫁。而福祸相依，袭人嫁给了蒋玉菡，成为贾府丫头中归宿最好的。同金钏、司棋、鸳鸯、晴雯这些死在贾府的丫头相比，袭人是如何做到的呢？

客观来讲，袭人有着别人难以比拟的韧性，能接受突如其来的变化，也能经受得起挫折。

获得姨娘的位置和待遇，是贾府丫头的期望，这并不奇怪。但是，获得姨娘的位置和待遇后，如果愿意自动放弃，那就有难度了。

在贾府情形变化、宝玉变化后，袭人远离了她为之努力的目标平台。她其实是不甘心的，也是很无奈的，但她接受了这些变故，并努力调整自己的人生目标，修正可以接受的结果，并最终得到能够接受的结果，这就是韧性的力量。

在现实中，一开始为了既定目标前赴后继，目标落空后一蹶不振，也是大有人在，受到客观打击尤其外界打击后，无法调整自己的人生目标，最终被动地接受生活。

突变，是一个人和一个企业在成长、发展或转型期间都可能遇到的问题。面对挫折时，坦然接受突变并进行自我调整，是需要很大的智慧的。面对突然的变故时，需要的至少是承受能力。

当成功和财富到来时，拥有喜悦的心态，是每个人或每个企业都能做到的；而当失败和苦难到来时，仍能以平常心直面困难，冷静解决问题，则是极少人能做到的。事实证明，能承受苦难，方能走得更远。在人生路途上，总会遇到这样或那样的挫折，不被变故彻底打垮，并适时修正自己的人生目标或企业的目标，先活下来，才会有翻身的机会。

第九章

基层成长之路

——草根的逆袭

贾府败落后，袭人的结果算是比较好的。那么，袭人到底有什么长处呢？那就是，无论在什么岗位上，都忠于职守。原文说道："伺候贾母时，心里眼里只有贾母，伺候贾宝玉时，心里眼里又只有宝玉。"在任何职场上，都需要"干一行，爱一行，干好一行"的人。

赖嬷嬷介绍赖尚荣的成长过程时，讲到两个方面：第一，从经历上来讲，赖家几代服侍主子，苦熬了几代人的苦；第二，赖尚荣，他家人从小在他身上花的银子能打出个银人来。赖尚荣家是家生的奴才，袭人是买来的奴才，买来的奴才一般比家生的要熬更多苦。赖尚荣家的奴才都这么苦，袭人就更艰辛了。由此可见，草根逆袭，不是没有可能。有阶层不可怕，可怕的是阶层固化。

贫穷之人，永无出头之日。

福贵之家，世有饕餮之时。

砍断理想期望，脚踏生活现实，不是委曲求全，而是随遇而安。

第九篇

晴雯篇：悲哀的出局者

第一章

晴雯是谁

“这晴雯当日系赖大家用银子买的，那时晴雯才得十岁，尚未留头。因常跟赖嬷嬷进来，贾母见他生的伶俐标致，十分喜爱。故此赖嬷嬷就孝敬了贾母使唤，后来所以到了宝玉房里。”

晴雯是一个从外面买来的丫头，并不是在贾府世代为仆的丫头，但是由于她条件好，就被分到了宝玉的房里，跟着宝玉。

最后的结局是，晴雯被赶了出去，年纪轻轻就病死家中。

第二章

晴雯事例四则

第一节
职场大忌——越级处理坠儿

宝玉把他偷听到的平儿与麝月的谈话内容告诉了晴雯，晴雯当时气得蛾眉倒蹙，凤眼圆睁，即时就叫坠儿。但是，宝玉当时把她劝住了。趁宝玉去北静王府给一位妃子出殡时，晴雯逮到了坠儿，连戳带骂后，叫人喊了宋嬷嬷来，并以宝玉的名义，以坠儿比较懒且背地里骂袭人使唤她为由，赶走了坠儿。在宋嬷嬷提出要袭人来处理时，晴雯是坚决不肯的，宋嬷嬷无奈之下，便叫了坠儿的母亲来带坠儿离开。

晴雯最大的问题是不能容人，性格暴烈。从人性角度来讲，这是很有问题的，在职场中尤其如此。

从感情上来讲，晴雯没有害人之心。同情常会被给予受伤害的一方。但是，从职场角度来讲，在宝玉、袭人不知情的情况下，赶走坠儿是很不妥当的处理。历来，管理学上讨论这个问题时，是把它按照越级来处理。越级处理，本身就意味着得罪人，有可能是得罪一批人，容易招来嫉恨。从实践操作角度来看，这不仅仅是越级处理的问题，更是对整个运行提出了挑战。

一个人能力出众，但是不能协调各方人际关系，在职场上是很难立足的。如果身在一个单纯技术部门或者环节也就算了，但是，宝玉身边是竞争最激烈的地方，如果仍按原有的方式办事，就显得很不合时宜了。在实践中，一些有技术、有能力的人不一定做到更高职位或自己拥有一个团队，这与他们性格中的包容性有很大关系。这是晴雯给我们的启示。

第二节 难于从众——撕扇子显个性

宝玉心情不好，因为扇子而骂了晴雯，晴雯顶嘴，宝玉一气之下，要把她赶出去。经过袭人及其他丫头的调解后，晴雯留了下来。宝玉后来给晴雯道歉，并为了讨晴雯开心，把扇子拿给晴雯撕。晴雯也不客气，撕了几把后，还要把扇子的匣子打开来撕，最终因为麝月的劝说才收手。这是晴雯把个性显示到极致的一次。

晴雯身为一个丫头，都敢撺掇主人的扇子来撕，说撕扇子的声音好听就进行破坏性享乐。麝月劝说晴雯，是因为她知道，把快乐

建立在浪费之上是讨嫌的。（第三十一回《撕扇子作千金一笑　因麒麟伏白首双星》）

第三节
能力出众——带病完成高难度任务

宝玉去北静王府赴宴，贾母新给的乌云豹氅衣“金翠辉煌，碧彩闪灼”，是俄罗斯的孔雀毛攒了线织的。但是在赴宴后，氅衣不小心被火在后襟烧了一块。

为了避免贾母不高兴，宝玉就悄悄地叫人拿出去找织补匠补，但是外面补不了，裁缝绣匠及其女工都不认得这是什么。所以，被烧坏的氅衣无法挽回，只能带回来。晴雯在病中，尝试挣命试一试。她用竹弓定牢，分出经纬，熬了一夜，人都快晕过去了，但最终总算基本上完成了。为了宝玉不挨骂，晴雯在高烧之下还是完成了任务，可见她的个人能力是出众的。

晴雯能力强，容貌又出众，在伺候宝玉的人当中，是很容易遭人嫉妒的。可是，细细想来，晴雯处理精细工作的能力与她的协调能力不匹配，这是值得思考的。

但是，晴雯还是被撵出来，以致后来病死在家中。晴雯被撵的时候，几个老婆子说，“阿弥陀佛！今日天睁了眼，把这一个祸害妖精退送了，大家清静些”。为什么晴雯会落得这样的下场呢？

晴雯在查抄大观园时，本来就在风头上，被王夫人申斥，但她被查抄的东西也不算非常过分。那么，是什么让王夫人如此大动肝火呢？就是因为绣春囊的事，绣春囊在民俗中，是对新婚男女有性启蒙意思的饰品。在大观园中，除了宝玉，其他皆为女子，就算从接受过分疼爱的宝玉的角度来讲，也是要预防厮混，防止男女问题对风化造成不良影响。

晴雯平时高调，被人诬蔑为轻佻，加之她相貌出众，大家难免最先把绣春囊的事怀疑到她身上去。人漂亮，有时也容易惹是非。

其次，邢夫人把绣春囊拿给王夫人，就有变相指责的意思，王夫人管家有问题，有责任，所以绣春囊事情一出来，王夫人担心绣春囊是贾琏同王熙凤的，首先指责王熙凤给自己不争气。

经过了王熙凤的辩白，才有了大观园查抄之事情。而晴雯把箱子翻开，把东西倒出来，气愤之极！也是清白之极！

故而，晴雯临死前跟宝玉说：“早知如此，我当日也另有个道理!”

晴雯是女工中技术最好的，是模样最俏的，是感情最纯的，却是结果最惨的。首先，晴雯犯了职场大忌，越级处理坠儿。

其次，通过柳五儿、林小红想进怡红院的事来看，不是随便哪个人想进来怡红院都可以随便进来的，宝玉身边的人个个伶牙俐齿，都是有点能耐的，晴雯在这里自然处于弱势。

再次，晴雯个性要强，丫鬟们对她挖苦讽刺就可想而知了。在竞争场合上，与这种性格的人很难相处，因为“爆炭”的脾气难以容人。

宝玉身边的丫鬟，是预备的姨娘，如果还没有上位就行事如此激烈，那么还会有她上位的机会吗？不会有的。

袭人和晴雯都是从外面买来的丫头，在这个大家庭里都没有任何背景，不像林之孝家的女儿小红，也不像柳家的女儿五儿那样有点资本。袭人没有做成宝玉的姨娘，却嫁给了蒋玉菡，这是一个丫头最好的归宿。世上有很多事都是“以迂为直，以患为利”的，没有什么可以阻挡那些勤奋的人。

所以，宝玉的《芙蓉女儿诔》寄托了他对晴雯纯粹的精神哀思，在现实中却成了最先被打败的对象。这是值得我们深思的。（第五十二回《俏平儿情掩虾须镯　勇晴雯病补雀金裘》）

第四节
个性张扬——容易得罪人

薛蟠通过茗烟从林黛玉处，以贾政的名义把宝玉骗走，黛玉担心宝玉又因什么事情而被贾政训斥，所以就大晚上赶到了怡红院。碰巧宝钗晚上来说话，晴雯因为刚与碧痕拌了嘴，于是把气撒在晚上来同宝玉说话的宝钗身上，抱怨“有事没事跑来了坐着，叫我们三更半夜的不得睡觉”。黛玉来叫门时，更是被晴雯一顿说辞“凭你是谁，二爷吩咐了，一概不许放人进来”拒绝，惹得黛玉半路哭着回去了。

宝钗未必没有听到晴雯的牢骚话，但黛玉确实听到了。以宝钗的性格，她是不会说出来的，但黛玉是藏不住的。

作为怡红院的一个丫头，晴雯是做得过分了点。虽然自己的情绪不好，但将这种情绪发泄到两个亲戚身上，就是很不妥当的。

宝玉是怡红院的主人，他都没有这样大的口气，所以晴雯这样做是非常容易得罪人的，这也导致她与其他人的关系不那么和谐。人们平时对晴雯的挖苦、讽刺，在怡红院是经常有的，可想而知，在其他事情上，人们对晴雯的评价也好不到哪里去。

一个成熟的职员就是要管好自己的情绪，不带情绪来处理事情，不带情绪来应对危局，这样，对自己的成长才是有好处的。

晴雯不掩饰自己的个性，更不掩饰自己的情绪，这样个性张扬，即便是在今天也是需要付出一定代价的。戒之，戒之！

第十篇

贾雨村篇：失败的官场投机者

第一章

贾雨村初现十里街

“贾雨村原系湖州人氏，也是诗书仕宦之族，因他生于末世，父母祖宗根基已尽，人口衰丧，只剩得他一身一口，在家乡无益，因进京求取功名，再整基业。”《红楼梦》第一回便交代了贾雨村的来历。

贾雨村是带着使命来的，他有重整基业的理想。因为进京困顿而暂时寄居于葫芦寺，于是与甄士隐结交上了，甄士隐也算是望族。

中秋之夜，甄士隐想着贾雨村只身一人在外，单具酒席请他小酌，吟诗饮酒之后，贾雨村酒后吐真言，提及神京路远，卖字撰文，难为路费。甄士隐也提及明年会试大比，愿意助其成行。“速封五十两白银，并两套冬衣”，且选好八月十九为黄道吉日，望贾雨村速行。

第二天，甄士隐想给贾雨村写两封推荐信带去神都，以更加好地给他一个便利的条件。结果使人请贾雨村时，发现他于早上五鼓（时间点，起得很早的意思）进京去了，可见，贾雨村是比较会抓紧时机的。

第二章

贾雨村的升职起伏
——宦海风险

“雨村因那年士隐赠银之后，他于十六日便起身入都，至大比之期，不料他十分得意，已会了进士，选入外班，今已升了本府知府。虽才干优长，未免有些贪酷之弊；且又恃才侮上，那些官员皆侧目而视。不上一年，便被上司寻了个空隙，作成一本，参他‘生性狡猾，擅篡礼仪；且沽清正之名，而暗结虎狼之属，致使地方多事，民命不堪’等语。龙颜大怒，即批革职。”

贾雨村交代好公事，将做官积累的资本和家属送回原籍妥善安排，自己便担风袖月，游览天下去了。

这是贾雨村第一次升职并撤职，他并没有因此而沮丧，而是以此为重新升职之机，开始新一次努力。那便是到林如海的身边等待机会。维扬地界的鹾（盐）政是林如海，其祖曾袭列侯，自己是科第出身，也是书香之族。林如海欲聘一西宾（家庭教师或官僚幕客），雨村相托友力，谋了进去，暂且做安身之计，主要是给林黛玉教书。

一年之后，林如海夫人贾氏亡故，而林黛玉多病，雨村外出游览时，遇到周瑞的女婿冷子兴，大致了解了贾府的情况。而突然遇到的张如圭，告诉了雨村，朝廷在起复被革职的官员，冷子兴了解林如海和贾府的关系，并请雨村去请林如海，让林如海帮忙请都中的贾政协助，以便贾雨村恢复官位。

贾雨村看了邸报确认消息，便请林如海帮忙，林如海早已经写好推荐信，并亲口告知贾赦关于贾政的详情，请贾雨村同路护送林黛玉入都，好去贾府拜谒。经过贾政的竭力协助，贾雨村先谋了一个复职候缺，不到两个月，金陵应天府出缺，贾雨村便补此职上任去了。

贾雨村从穷儒生到知府，到被罢免，再到重新复新职务，可谓一波三折，但是，仅从前期这个过程来看，贾雨村是一个善于发现机会并抓住机会的人，这不是一般的投机能做到的。

从以下几个方面来分析：

第一，贾雨村是比较善于收集信息的。

第一回中，贾雨村问甄士隐的话是："老先生依门贮望，敢是街市上有甚新闻么?"

第二回中，贾雨村问冷子兴的话是："近来都中可有什么新闻没有?"

由此可以看出，贾雨村是一个比较喜欢收集信息的人，提前收集信息，可以为后面的事情做好铺垫。

第二，贾雨村比较善于谋划具体的事情。

贾雨村第一次要入京都参加科举考试，没有盘缠，贾雨村趁着同甄士隐饮酒，便说出来了此事。甄士隐立即着家人封银五十两，办了此事。

第二次看到了林如海的家族背景，在林如海欲聘西宾时，贾雨村托人帮忙，也办成了此事，安身之计是小，更多的是得到了机会。

可见，贾雨村是一个比较善谋的人，总有具体的方式方法可以操作。

第三，贾雨村是比较注重效率的人。

在得到甄士隐赞助的银子后，贾雨村不等黄道吉日便即刻出发赶往京都，不是对日子不重视，而是对时间抓得比较紧，当然也可看作是他心里比较迫切。

贾雨村在张如圭处得到朝廷在起复朝廷革职的官员的消息后，先确认，第二天便当面与林如海商量，并在贾夫人仙逝送黛玉进京都时趁热打铁，抓住时间办理。

以上三个方面，都显示出贾雨村有前瞻性。（第二回《贾夫人仙逝扬州城　冷子兴演说荣国府》）

第三章

贾雨村职上枉法

——身不由己

薛蟠因为同冯渊争夺香菱（甄士隐的女儿英莲），而指使家人打死了冯渊，然后带香菱上京都去，只留下家人处理后事。为此，冯渊家人告到了应天府。贾雨村新官上任，本欲发签拿人讯问，原是葫芦寺沙弥的门子却暗示他停下来，并在后堂给贾雨村提供了“护官符”，指出了他的官位来源，就是薛家的姨表亲贾政的推荐，否则，贾雨村就无法获得应天府一职。

贾雨村假借询问之际，问门子如何处理，门子讲出了拐卖的实情，并告知贾雨村，被拐卖的丫头香菱是甄士隐的女儿甄英莲，而甄士隐是贾雨村的恩人，并商议好以扶乩为手段，假借鬼神冤魂之说，以前世孽缘宿怨为名，用迷信的糊弄手段进行公开处理。这实则抓住了原告冯渊家人想通过告状来多得些钱财的企图；而被告薛家为了平息事情也愿意消财免灾。贾雨村为了自己的前程，回报贾府，对此案进行了曲判，最终因为薛蟠已经被冯渊鬼魂索命致死，而冯渊家人多得了烧埋银子了事。

贾雨村及时给贾政、王子腾致信，以表己功，可视为答谢之意。薛蟠打死人，贾雨村枉法处理此案，不仅仅是自己上位应天府知府给贾家的一种回报，更是为了日后能飞黄腾达寻找了一个依附。

为了贾赦喜好的一个扇子，贾雨村的做法更是丧尽天良。

贾赦喜欢几把旧的扇子，他家里的扇子都不中用了，而看到一个穷得都没有饭吃诨号叫作“石呆子”的人，这个穷人家里有他喜欢的扇子。贾琏把石呆子请到家里来，想用银子买他的扇子。但石呆子说，就是一千两一把也不卖。贾雨村听到后，为了讨好贾赦，便设法把石呆子抓了起来，讹他欠了官府的官银，变卖了他的家产抵偿，并将这扇子抄没后送给了贾赦。贾赦拿着扇子指责贾琏，贾琏顶嘴：“为了这点小事，弄得人家坑家败了业，也不算什么能为。”后贾琏被贾赦用板子打得动弹不得，脸上都打破了两处。

在贾雨村升任应天府后这两次与贾府相关的事情上，他已经完全超越了为官、为人的底线，只站在“势”的立场上。（第四回《薄命女偏逢薄命郎　葫芦僧乱判葫芦案》、第四十八回《滥情人情误思游艺　慕雅女雅集苦吟诗》）

第四章

贾雨村的败落
——鲜有不倒的官场投机者

御史参了贾家，上头还要叫府尹查明实迹再办，而贾雨村本来就在贾府有照应的。他怕被人说他回护贾府，便“狠狠的踢了一脚，所以两府里才到底抄了”。

而贾雨村呢？他后来犯了婪索的案件，审明定罪，遇到大赦，褫籍为民。贾雨村从高层又跌落为平民。

从穷儒生，到知府，再到被革职，到起复，到升应天府，最后回到普通民籍。

贾雨村拥有跌宕起伏的人生经历。

贾雨村是一个有抱负的人，也是想做好事情的人，他的发迹与贾府的荣衰有一定关联。

然而，从穷儒生到知府的过程都显示出贾雨村善于收集信息，抓住机会，并通过行之有效的方法达到目的。尽管后来他贪赃枉法，但从手段上讲，他处理事情快速有效，不是“红尘中滚过一回”

的人。

在为人处事上，贾雨村为了官位是不惜一切的，贪赃枉法；临门踹贾府一脚也是为自己的官位。他可谓自私到没有底线，这一点足以让人引以为鉴。（第一百零七回《散余资贾母明大义　复世职政老沐天恩》）

第十一篇

刘姥姥篇：成功的推销者

第一章

谁是刘姥姥

乍一听，“刘姥姥”这个称谓与贾府，与王家、史家、薛家都没有关系。但是，在《红楼梦》中，这是引出整个故事的人，更是能够把一手烂牌打成好牌的人。她虽然是积年的老寡妇，可就是因为人生阅历丰富，她拥有试一试的机会，并因此取得了一次成功。

刘姥姥同《红楼梦》中的四大家族都扯不上关系，但是她的女婿王狗儿、他的祖父，与王夫人之父认识且连过宗。王熙凤的祖父认王狗儿的祖父为侄儿，但只有王熙凤之父和王夫人两个知道有这么一远族。与贾府论起来，刘姥姥只是王夫人娘家的人，是贾府的亲家。贾母见到刘姥姥，欠身问候“老亲家好”，这便是一个明证。（第六回《贾宝玉初试云雨情　刘姥姥一进荣国府》）

第二章

刘姥姥初进大观园

——试一试总是有效果

刘姥姥是如何同贾府联系上，请贾府的王夫人资助到钱物的呢？刘姥姥的世道人情，给我们什么样的启示呢？

想了解刘姥姥到底有哪些能耐，就要从刘姥姥进荣国府的故事说起。

刘姥姥是王夫人父亲连了宗的亲戚，是王狗儿的岳母，她因为是个积年的寡妇，帮着女儿、女婿过生活才跟他们一起生活。但是，由于近年关，而王狗儿冬事未办，喝了几杯闷酒，在家里闲寻气恼。刘姥姥看不惯此事，于是说了狗儿几句。

她先是批评狗儿，现在成这样是狗儿自身的原因，“皆因年小时候，托着老子娘的福，吃喝惯了，如今所以有了钱就顾头不顾尾”。

接着，她分析了地理优势：“如今咱们虽离城住着，终是天子脚下。这长安城中，遍地皆是钱，只可惜没人会去拿去罢了。”

但他的女婿狗儿，依然没有看到这一层，只是生气叫嚷道：“难道让我去打劫不成?”

刘姥姥继续说道：“谋事在人，成事在天。”靠菩萨的保佑，咱们谋到了，有些机会也未可知！

而且，刘姥姥已经有了方案：“我倒替你们想出一个机会来。”

请注意，是“机会”，而不是主意，从中可以看到，刘姥姥是有眼光的人。

她叙述狗儿家的家世，交代他曾与金陵的王家的连宗，并且她同女儿去过一次（见人三分情），金陵王家的二小姐（王夫人）着实爽快会待人，倒不拿大。并且王家又升了官，只怕是二姑太太还认得咱们，何不走动走动？或者她还念旧，有些好处也未可知！

所谓“谋定而后动”，就是指不管做任何事情，都要先有前期的分析和规划，不打无准备的仗。没有任何前瞻的分析，总想着“车到山前必有路，船到桥头自然直”，是不利于事情发展的。刘姥姥是对世态深入了解的人，所以，在她看来，机会的确是存在的，必须试一下。

去荣国府是刘姥姥的主意，而刘姥姥的女儿和女婿把这个机会转给刘姥姥，劝她为了全家去试一试运气。虽然“侯门深似海”，但为了大家共有的利益，刘姥姥决定舍出老脸去碰碰运气。她们商量好，第二天天未明就带着板儿进城，找到宁荣街，找到荣国府。并根据她女婿狗儿的建议，先找王夫人的陪房即周瑞家的来牵线搭桥，以便能见到王夫人。在荣国府门口，刘姥姥问到了周瑞家的住处，并找到了周瑞家的，而周瑞家的“认了半日”，总算认出了刘姥姥。

周瑞家的想显摆自己的地位，于是带刘姥姥见了王夫人。当然，周瑞家的愿意这样做，是因为在周瑞当年买田地的时候，狗儿的父亲王成帮过周瑞家忙，而周瑞家需要还这个人情。

但是，刘姥姥在这里遇到了一个意外，就是见过她一面的王夫人已经不当家，而是琏二奶奶王熙凤当家，王熙凤是王夫人的内侄女。俗话说，见面三分情，有点情分的王夫人不当家，而新的当家人王熙凤与刘姥姥没有情分，那么刘姥姥该如何应对呢？她也是要见一面，才不枉走这么一趟。

周瑞家的带着刘姥姥，在吃饭的空档前去拜见王熙凤。周瑞家的先是找王熙凤的心腹平儿，并善意地撒谎道："当日太太是常会的，所以我带了她过来。"（其实，可能只见过一回）。平儿请其等待。随后刘姥姥就见到了当家的琏二奶奶王熙凤。

刘姥姥在香气扑鼻以致令人头晕目眩的屋子里，等到王熙凤见她一面的机会，并且在周瑞家的示意下，腼着脸说出了"他（板儿）爹娘连吃的都没有，天气又冷，只得带了你侄儿奔了你老来"。

王熙凤从周瑞家的口中，得知刘姥姥这趟来的意思后，就明确给出了答复："可巧昨儿太太给我的丫头们做衣裳的二十两银子，我还没有动呢，你若不嫌少，就暂且先拿了去罢。"（这是刘姥姥的第一桶金）刘姥姥千恩万谢地出去，并说要给周瑞家的孩子们买果子吃，但是被婉拒了。

万事开头难，刘姥姥一进荣国府，是一次试探性的拜访，有很强的目的性，总要"打秋风"。她找周瑞家的人算是找对了人，同时找对了当家的人王夫人及王熙凤，也选对了时机。虽然中间有禀事的打搅以及贾蓉借一屏风的插曲，但结果总算达到了目的。可是，仅仅进一次荣国府，就能改变他们的机会吗？

第三章

刘姥姥二进大观园

——大获全胜式的成功

第一节

迎合贾母讲慈善的故事——天赐良机

平儿回到房间，看到了上次来的“打秋风”的刘姥姥，陪坐的有张财家的，有周瑞家的，还有丫头们在收拾倒在地上的枣子、倭瓜并些野菜。

刘姥姥的意思是：“早要来请姑奶奶的安看姑娘来的，因为庄家忙。好容易今年多打了两石粮食，瓜果菜蔬也丰盛。这是头一起摘下来的，并没敢卖呢，留着尖儿孝敬姑奶奶姑娘们尝尝。姑娘们天天山珍海味的也吃腻了，这个吃个野意儿，也算是我们的穷心。”

平儿道谢之后，因为刘姥姥已经见过王熙凤，请她等一等，而刘姥姥害怕关了城门不能出去，急得要早点回家。周瑞家的就去向在贾母跟前侍奉的王熙凤请示具体安排。结果大出意外，贾母正想找个积古的老人家说说话，于是邀请刘姥姥相见。情况突然有变，机会来了！

在平儿的引领下，刘姥姥拜见了贾母。两人问候一番，贾母了解刘姥姥的来意后，就热情地挽留："今儿既认着了亲，别空空儿的就去。不嫌我这里，就住一两天再去。我们也有个园子，园子里头也有果子，你明日也尝尝，带些家去，你也算看亲戚一趟。"

王熙凤见贾母喜欢，便借机请刘姥姥讲些新闻故事来听。刘姥姥吃茶之后，把乡村的所见所闻跟贾母一一道来，越发得了趣味。凤姐认为，既然这样合贾母的心意，就让刘姥姥吃完饭后继续过来给贾母讲故事。鸳鸯命人给刘姥姥洗澡，并换上自己的衣服。刘姥姥是有见识的人，也经历过一些人情世故，见贾母高兴，这些哥儿姐儿也爱听她的见闻，讲到实在没有什么好讲的时候，就开始编故事。

刘姥姥虽然初次见贾母，但两人比较投缘，于是刘姥姥一下子就得到了贾母的邀请，请她多住几天，算是走了一趟亲戚。贾母是荣国府的最高尊者，她的邀请或许会给刘姥姥带来好运。

第二节
应对宝玉编故事——积累总是在平时

刘姥姥先讲了冬天下雪的故事。她说起，那时连下了几天雪，在地下压了三四尺深（夸张说法）。她起得早，还没有出房门，就隐约听到有人在偷柴火。她偷偷地爬起来看。贾母插话："不是过路的客人？"刘姥姥继续讲述，有人偷柴火，却是一个十七八岁极标致的小姑娘，梳着溜油光的头，穿着大红袄、白绫裙子……

故事讲到中途，不料南院马棚突然失火，于是中断了故事。贾母被吓得开始念佛，并忙命人去火神前烧香，而宝玉则追着问刘姥姥关于女孩的故事。为避免继续讲火的故事，贾母请刘姥姥再讲另一个故事，那就是行善的故事，因为这切合她的念佛。

刘姥姥继续讲：庄子东边九十多岁的老太太有一个孙子，她好不容易把孙子养到十七八岁，孙子却死了。她悲伤得天天吃斋念佛，结果可能感动了上天，观音菩萨奏请玉皇，让这位老太太后来又养了一个孙子，这孙子已经十三四岁（符合贾珠、贾宝玉的故事）。这个故事正切合贾母当时的心境，连王夫人都听得入迷了。

刘姥姥讲故事的内容，是贾母、王夫人都喜欢听的。这不用怀疑，关键是刘姥姥在讲与火有关的故事时，恰遇马棚意外失火。为了避免尴尬，她随即机智地调整故事内容，转而分享老年人信佛慈善的故事。

刘姥姥的故事不仅符合大家的心意，而且是惹得宝玉急切细问那个女孩儿的身份和后来的结局。

刘姥姥只得编故事："那原是我们庄北沿地埂子上有一个小祠堂里供的，当先有个什么老爷……这老爷没有儿子，只有一位小姐，名叫茗玉。小姐知书识字，老爷太太爱如珍宝，可惜这茗玉小姐生到十七岁，一病死了。"这个临时编的故事，却让喜欢怜香惜玉的宝玉有了自己的想法，他不仅问故事中茗玉小姐所在的庄名、远近地方，后来还盘算了一夜要去拜祭茗玉。这是个假故事，但故事给宝玉留下了无限想象的空间。

刘姥姥讲的故事是搜肠刮肚来的，但故事让人喜欢听，贾母、王夫人喜欢听，宝玉不仅喜欢听，而且还让小厮去祭拜。可见，刘姥姥编故事编得有水平，这个水平或者吸引力，不是临场发挥就可以有的，而是平时善于观察和积累的结果。

这对我们的启示是，如果平时不注意学习和观察，不培养动手能力或者其他方面的能力，那么就算有一天机会来到，你可能还是没有能力抓住。通常说："机会是给有准备的人的。"这个准备，就是指平时的积累。没有积累，指望情急之下灵机一动，临场发挥就抓住某次机会，这是不太可能的。

在现实中，我们会因为平时准备不足而错失机会，而当看到他人抓住了机会时，又以为是别人"运气好"，没有深入了解别人的努力，本应该检讨自己，却在猜测中对他人羡慕嫉妒恨。这样做是愚蠢的。（第三十九回《村姥姥是信口开河　情哥哥偏寻根究底》）

第三节
大观园里扮"丑角"——需要是最好的价值

贾母要带刘姥姥到园子里逛一逛，她们进了园子，见到了李纨。李纨说，要送各色菊花去，贾母自己拣了一朵大红的菊花戴在头上，也请刘姥姥来戴花，而王熙凤给刘姥姥戴了一头的花，用丫头们的话讲：“把你打扮成了个老妖精了！”

大观园的聚餐，给刘姥姥一个充当“丑角”的机会，这是鸳鸯为了让大家有意外惊喜，而有意让刘姥姥“出丑”，“笑”果更好。

先是凤姐给刘姥姥端了一碗鸽子蛋，刘姥姥在吃之前，按照鸳鸯说的，讲了：“老刘老刘，食量大似牛，吃一个老母猪不抬头。”一个笑点，结果使大家哄堂大笑。史湘云笑得喷了饭，林黛玉笑岔了气，宝玉滚到贾母怀里，贾母也在笑，薛姨妈把茶叶喷到了探春的裙子上，探春手里的饭合在迎春的身上，惜春笑得要让奶妈揉肚子。其他人不可胜记。一个笑果，哄得大家开心。

接着是用筷子夹鸽子蛋，但哪里夹得住，就算追着碗里跑，刚刚夹起来，还没有放到口里，就又马上掉到地上去。“一两银子，也没听见个响声儿就没了。”结果是“众人已没心吃饭，都看着她笑”。

听演习曲前，贾母兴致高，便喝小酒行令。贾母的行令是从鸳鸯开始的，从贾母、薛姨妈、史湘云、宝钗、黛玉、迎春、王熙凤、鸳鸯、王夫人（鸳鸯代说）到刘姥姥。

凤姐和鸳鸯是要听刘姥姥的笑话的，她们故意说错，都认罚酒。听刘姥姥的酒令“是个庄家人罢”“大火烧了毛毛虫”“一个萝卜一头蒜”“花儿落了结了个大倭瓜”，众人大笑起来。

酒令错了要认罚，凤姐命丰儿取了木头的十个套杯来，不说巧妙，就连杨木与黄松的材质说法都逗得大家哄堂大笑起来。

贾府的人要“笑”果，而刘姥姥在大观园的游玩过程中，给大

家提供了“笑”果，而且非常奏效。（第四十回《史太君两宴大观园　金鸳鸯三宣牙牌令》）

第四节
给大姐儿起名送祟——要有些解难的手段

刘姥姥辞别王熙凤后，大姐儿开始发热。贾母带刘姥姥进去逛园子，王熙凤全程陪伴，而大姐儿也跟着在园子里玩，王夫人给了她一块糕吃后，她就发起热来。

有生活经验的刘姥姥先是宽慰了王熙凤，然后讲园子里可能有其他撞客。经过查看《玉匣记》，果然有花神相遇，便命人请了两份纸，给贾母和大姐儿送祟，之后，她们果然都好了起来。王熙凤见刘姥姥如此有经验，便请刘姥姥给大姐儿起名字。刘姥姥问了大姐儿的生日是七月七乞巧节当天，就为她起名“巧姐儿”，并祈祷式地安慰说，起了这一“巧”字，以后她的境遇便会逢凶化吉。

刘姥姥这样说，看似是讨好对方，但其实是出于帮别人解决问题的。对此，王熙凤当然是满意了！

第五节
丰硕的结果——付出才能有回报

刘姥姥在荣国府住了几天，临走的时候，由平儿带她到这边屋里。只见屋里堆了半炕的东西，那是贾府中人所赠的东西，主要有以下几类：

第一类　绸布类

有青纱一匹，一个实地子白纱，两个茧绸，做袄儿裙子的，两匹绸子下做衣裳穿的。

第二类　饮食类

一盒各样内造点心，两斗御田粳米，园子里的果子和各种干果子。

第三类　财物类

一包八两银子（王熙凤赠），两包五十两共计一百两银子（王夫人赠）。

第四类　衣物类及其他

两件袄儿，两条裙子，四块包头，一包绒线（平儿赠）。

两套衣服，一盒子面果子，包了几种药，两个笔锭如意的果子（贾母赠）。另外，鸳鸯送了几件衣服，宝玉送了一个成窑钟子。

从以上收获来看，刘姥姥进行了一次非常好的营销。两袋从农村带来的新鲜水果、蔬菜，换来了如此多收获，可谓狂赚。

平儿说“你放心收了罢，我还和你要东西呢，到年下，你只把你们晒的那个灰条菜干子和豇豆、扁豆、茄子、葫芦条儿各样干菜带些来，我们这里上上下下都爱吃”，也是为了让刘姥姥收下礼物的时候心里更加容易接受。这些都不能影响刘姥姥这次成功的走亲戚。

刘姥姥为什么可以这样成功呢？

仅仅是因为荣国府的人喜欢乡下来的人，并将其作为一个打趣的对象吗？这是不太可能的。

第一次进荣国府时，王熙凤打发了她二十两银子，并明知道她是“打秋风”来的。可是，没想到的是，隔了年，刘姥姥把田里产的新鲜蔬菜、瓜果带来，再次看望王夫人和王熙凤，并在贾母知情的情况下，参加了荣国府的聚会。

在这期间，刘姥姥给贾母她们讲故事，并搜寻乡下的野闻趣事，让她们听着有新鲜感，也配合了鸳鸯吃饭、行令，让大家开口大笑，同时也给巧姐儿祈福、取名等等，因此受到大家的欢迎。

对刘姥姥，贾母是真心相待的，其他人也是诚心相留的。因为开心，所以贾母吃多了点，结果有点积食，反而让刘姥姥感到不安。

当付出最大化地满足需要时，回报才有可能是最大的。同理，在市场经济中，当提供的服务和付出的责任心最大化满足市场需要时，才有可能从市场得到最大回报。

刘姥姥拜访过王夫人，两人见过一面，所以有三分情面。谁知道，现在是王熙凤当家，不过刘姥姥还是凭借计谋得到了好处；二进荣国府，刘姥姥拜访的是王夫人和王熙凤，但是，贾母甚至请她留下来住几天。这些是意料之外的变化，刘姥姥都能对付下来，这就不简单了。

在职场上，专业很对口是少数，专业不对口才是生活的常态。“需要不对口”才是问题，需要从来是放在第一位的，如果没有随机应变能力，那么是很难适应社会的。

不能很好地应对变化的话，那么路只会越走越窄，世界上唯一不变的是变化，适应变化才是常态。

第四章

回报贾府
——知恩图报救巧姐儿

刘姥姥听到贾府被抄家后，“我就几乎唬杀了”，听到老太太没了，“唬的连豆子都拿不起来了，就在地里狠狠的哭了一大场”，可见刘姥姥是有情有义的人。听到贾府被抄家，别人都对之嫌弃并唯恐躲避不及，刘姥姥却主动去看望王夫人和王熙凤。

王熙凤给刘姥姥半开玩笑半认真地说 ：“你带了她去罢。”刘姥姥说：“我给她说给媒罢。”要把巧姐儿说到她们屯子里的大财主家去，而凤姐也是愿意给的。

当时，凤姐已经知道家道中落的状况是无法挽回了，给巧姐儿找一个安全的去处是凤姐唯一的夙愿，所以托刘姥姥照应。

凤姐依然希望一切能好，所以，当刘姥姥给她念佛祈祷时，她将手上的金镯子脱下来交给刘姥姥代为祈祷。因为要急着出城，所以留下了青儿与巧姐儿做伴，刘姥姥辞别而去。（第一百一十三回《忏宿冤凤姐托村妪　释旧憾情婢感痴郎》）

谁知王熙凤去世后，贾赦病重，贾琏要前去探望，内托舅哥王仁不放心，外托贾芸贾蔷也无奈。只好勉强交代一下，便赶去探望。

谁知道，王熙凤的哥哥王仁同贾府的贾芸、贾蔷勾结起来，要偷偷把巧姐儿给“藩王”做侍妾。此事由巧姐儿的亲奶奶邢夫人做主，邢夫人的哥哥也参与其中。而王夫人不方便干涉，只能叫苦。贾府贾环这干人等牵头要收礼金银子时，邢夫人的丫头偷偷告诉了平儿，平儿告知王夫人，王夫人也是急得直哭，无计可施。刘姥姥上门来，看到大家眼圈红了，便问起原因，平儿告诉了她。

刘姥姥唬怔了一下，忽然笑道：“你这样一个伶俐姑娘，没听见过鼓儿词么，这上头的方法多着呢。这有什么难的。”随即商量将巧姐儿送出去，暂时藏在王狗儿家，然后商量给贾琏送信的办法。按照这个办法，果然将巧姐儿送走，躲过了这一劫。

这个在外的藩王本来只是要普通的使唤之人，经了解后知道是世代勋戚，便放弃了娶巧姐儿的想法。刘姥姥带巧姐儿出城，住在庄上。而板儿打听到贾府复了官，刘姥姥送巧姐儿回到荣国府。最终，巧姐儿有自己的姻缘，与刘姥姥庄上极富的周家结为亲家。

此事是王熙凤托付过刘姥姥的，但在非常复杂的情况之中，刘姥姥依然能够把荣国府里王夫人等人没办法处理的事情很巧妙地处理，这是需要智慧的。刘姥姥不只在荣国府有钱有势的时候亲近他们，在荣国府衰落之时，她也没有离开，反而走进荣国府，并无意间救了巧姐儿。可见，她是一个知恩图报的人。

第五章

刘姥姥为什么能成功

——应变是关键

刘姥姥两次进荣国府都收获颇丰，那么她是凭借什么做到的呢？

第一，刘姥姥有着很好的分析人情世故的能力，也可以说是经验。

第二，刘姥姥有很好的应变能力，这是非常重要的。

第三，刘姥姥有一副好心肠。嫌贫爱富、趋炎附势是人情常态，而有一定道德底线的人能够坚守善良并知恩图报。

第四，与其说刘姥姥遇到了一个好亲家，倒不如说刘姥姥找到了一个好亲家，也可以说是外部资源。

第十二篇

周瑞夫妇：出局的职业经理人

第一章

周瑞夫妇
——王夫人娘家带过来的人

周瑞夫妇是王夫人娘家带过来的人。具体的分工是：周瑞负责春秋两季的租子，闲的时候只负责带小爷们出门的事；周瑞家的负责太太出门的事情。两口子都是王夫人娘家带过来的人，可以说是“近水楼台先得月，向阳花木易为春”。但现实给周瑞夫妇打了响亮的耳光，他们两个女婿、儿子、干儿子，一个个惹是生非，不省心，可谓“坑爹”一族。

第二章

周瑞被坑害系列

第一节
女婿冷子兴古董行官司

周瑞的女婿，就是古董行的冷子兴。这个人专营关系，对贾府内外了如指掌，人情世故也是驾轻就熟。不料，此人惹了是非后，托他的女人来找岳母帮忙解决。他的女人找到母亲周瑞家的，晚上求凤姐，通过贾琏处理官司的事情。可见，冷子兴不是省油的灯。（第七回《送宫花贾琏戏熙凤　宴宁府宝玉会秦钟》）

第二节
儿子喝酒闹事被打

赖嬷嬷到贾府请贾府老少，去庆贺赖大的儿子赖尚荣做了县官。

在王熙凤处，请王熙凤对周瑞的儿子被撵出去的处罚网开一面。周瑞的儿子之所以被处罚，是因为在王熙凤生日时喝酒误事，里头还没有开始喝酒，他就先喝酒还喝醉了，难堪得礼还没有送进里面去，他就先拿盒子撒了一院子馒头。彩明说他一下，他反过来把彩明骂了一顿，所以，他要被撵出去。所幸的是，经过赖嬷嬷一番求情后，周瑞的儿子只是被打了四十棍子，并被警告以后不许再吃酒。这可以看作是周瑞两口子托了赖嬷嬷的面子，趁着请王熙凤的机会提出了更好的处罚办法。（第四十五回《金兰契互剖金兰语　风雨夕闷制风雨词》）

第三节
干儿子盗窃被打死

宁国府的贾珍是贾府的族长，而周瑞的干儿子何三同鲍二打架，被贾珍打了一顿，之后撵出去。后来，何三赌钱没有本钱，走投无路之下就带人入荣府行窃，结果被包勇打死，并且被何三认出，贾政气得把周瑞也捆了起来。（第一百一十一回《鸳鸯女殉主登太虚　狗彘奴欺天招伙盗》）

第十二篇
周瑞夫妇：出局的职业经理人

第三章

周瑞的失败
——好牌被打烂

周瑞家一次引荐的机会让刘姥姥成为赢家，相比之下，周瑞夫妇在荣国府则没能把荣国府的资源最大化地利用，这是很可惜的。从赖嬷嬷口中得知，赖尚荣当上县官，是经历几代奴才生活后才熬得出来的。周瑞夫妇也是如此，但是他们的女婿、儿子、干儿子都时常惹是生非，面前摆着的明明是一把好牌，却偏偏可以打成烂牌。荣国府王夫人陪房家里有周瑞夫妇，贾府里有陪老太爷出生入死的焦大，虽然以命相搏，但换来的仅仅是安身。面对再好的环境，若不能好好地珍惜，那也等于空白，这不得不引人思考。

“近水楼台先得月，向阳花木易为春”，这是人人都懂的道理。在有利资源面前，要学会抓住机会来做一番事业，否则只是“入宝山空手而归”，让人惋惜。

后　记

我的红楼情缘

王扶林先生导演的1986年版《红楼梦》电视剧，是我与红楼的初见。在20世纪80年代，看电视不像今天这样看，不是家家户户基本上都有一台电视机。甘肃老家的村里有三千多人，电视机只有那么四五台，如果其中有一台是彩色电视机，那么几乎就是利用来看电影的。有电视机的人，一般会尽可能把电视机搬到露天去让大家一起看电视，在那个年代，这不是一个村的现象，而是中国农村的普遍现象。

说实话，电视里在播放什么，当时很多时候是看不懂的，只是看看热闹。只不过，黄山那块石头画画和里面的《红楼梦引子》歌声给我留下了深刻的印象。时至今日，我仍然非常喜欢听，蓦然回首，一晃已经三十多年。

初高中的课外阅读时间，我陶醉在武侠小说的世界里，而当时《红楼梦》在我的阅读范围之外，主要原因是读不懂。在二十多岁时阅读，我只读到十几回就停下了。隔了两三年再读，也只一次性读到六十回左右就停下来，因为感到太伤脑筋了，且不说里面满是诗词歌赋，光是人物关系、故事情节就够复杂的。又过了一两年，已到而立之年的我一口气读完了一百二十回本的《红楼梦》。从那时起，我才可以一遍又一遍地阅读。已经记不清具体读了多少遍，直到 2017 年，我因为特殊的事情，在短短半年里把《红楼梦》读了三遍。读后，我感觉像是大病了一场，似乎能体会到曹雪芹的痛和血，也从实践的角度再次体味了《红楼梦》。

近些年来，人们生活水平有了很大提高，阅读也出现了新的方式和载体。自从《大宅门》《乔家大院》《大染坊》等电视剧的热播之后，传统文化中的经营是带有中国人特有的人情世故的“抱团”经营，包含明显的血缘因素和地缘因素。人们可能没有耐心去看这些经典著作，于是看电视剧成了阅读的另一种形式。

从《红楼梦》诞生起，人们对它就有不同的解读，如索隐派、考据派、新考据派、秦学派等。曹雪芹先生写的只有前八十回，且有残缺，后来经过程伟元、高鹗续补才成一百二十回目。前后写作风格有异，却仍然光彩夺目，神韵无穷，令无数爱好者爱不释手，我也是其中一员。从 2002 年毕业那天起，我就一直在珠江三角洲一带工作，迄今已经有十八个年头，其间经历过和见闻过的企业实践和故事有许多许多，《红楼梦》的故事也一直萦绕在我心头。

我也阅读过不少解读《红楼梦》的书籍，“坐而论道”占绝大多数，很少在实际操作层面进行思考，尤其还没有在基层实践中观察和理解，而《红楼梦》中“理家”的智慧仍然只停留在故事层面，比较少被单独拿出来分享。为此，2012 年开始，我在自己的阅读中，就对《红楼梦》中涉及管理学、企业经营等方面的内容进行了阅读记录，并经过实践和长期思考，最终把这些内容分享给喜欢阅读的朋友。

随着阅读的深入，新的思考会不断地推翻过去形成的思考，而写作过程要求不断地摒弃旧想法。

大家都知道，《红楼梦》前八十回和后四十回的风格相差比较大。在写作的时候，在人物的故事选择上就难以全面。比如，贾芸这个人物，前面写他是比较上进的，1987 年版《红楼梦》拍摄时也采用这样的研究结果：在山神庙探狱就是感恩的过程。但在一百二十回中，他是陷害“巧姐儿”的主谋之一，人物性格出现了差异，就选择了不写这个人物。小红是凤姐培养出来的能手，在后面的故事中，她的形象也没有大变化，所以适宜写到书中去。这是一方面。

另一方面，本人限于阅读能力和写作水平，对《红楼梦》中个别故事的研究可能不够透彻。对人物的故事进行取舍，是希望能够尽可能故事化，把事情用通俗的语言叙述明白。

在阅读写作中，周思源先生的《从凤姐治家到火并王伦》、周锡山先生的《红楼梦的人生智慧》和《红楼梦的奴婢世界》，给我的参考意义更加深刻，也显示出“红学”专家们的实践思考和基层视角。

非常感谢我的家人对我写作的默默支持，没有家人的支持，我